湖北省公益学术著作出版专项资金
Hubei Special Funds for Academic and Public-interest Publications

湖北博物馆馆藏陶瓷文物保护与利用研究丛书（第一辑）

李　奇　主编

襄阳市博物馆馆藏
陶瓷文物保护与利用研究

姚　练　袁　方　主编
湖北省博物馆　襄阳市博物馆　编
范文强　黎　畅　副主编

武汉理工大学出版社
·武　汉·

图书在版编目(CIP)数据

襄阳市博物馆馆藏陶瓷文物保护与利用研究/姚练，袁方主编；湖北省博物馆，襄阳市博物馆编. —武汉：武汉理工大学出版社，2023.12
(湖北博物馆馆藏陶瓷文物保护与利用研究丛书 /李奇主编. 第一辑)
ISBN 978-7-5629-6937-2

Ⅰ.①襄… Ⅱ.①姚… ②袁… ③湖… ④襄… Ⅲ.①古代陶瓷—文物保护—研究—襄阳 Ⅳ.①K876.34

中国国家版本馆 CIP 数据核字(2023)第 243398 号

Xiangyang Shi Bowuguan Guancang Taoci Wenwu Baohu yu Liyong Yanjiu

襄阳市博物馆馆藏陶瓷文物保护与利用研究

项目负责人：王　思
责 任 编 辑：王　思
责 任 校 对：张明华
版 面 设 计：正风图文
出 版 发 行：武汉理工大学出版社
地　　址：武汉市洪山区珞狮路 122 号
邮　　编：430070
网　　址：http://www.wutp.com.cn
经　销　者：各地新华书店
印　刷　者：武汉精一佳印刷有限公司
开　　本：889 mm×1194 mm　1/16
印　　张：11
字　　数：171 千字
版　　次：2023 年 12 月第 1 版
印　　次：2023 年 12 月第 1 次印刷
定　　价：196.00 元
凡购本书，如有缺页、倒页、脱页等印装质量问题，请向出版社发行部调换。
本社购书热线电话：027-87391631　87523148　87165708(传真)

湖北博物馆馆藏陶瓷文物保护与利用研究丛书（第一辑）

编委会

丛书前言

Preface to the book series

陶瓷器物自古以来都是中国非常重要的生活用具、艺术作品和贸易商品，是中国文化中最具世界影响力的元素之一。它贯穿整个中国社会发展历史，每个时期生产的陶瓷器物都承载着那个时期社会发展方方面面的信息，有的幸运地遗留至今成为文物，因陶瓷材料化学性能稳定而成为历史真实的“记录器”。

党的十八大以来，以习近平同志为核心的党中央高度重视历史文化遗产保护传承和文物保护利用工作。习近平总书记多次对此作出重要指示批示：“要把历史文化遗产保护放在第一位，同时要合理利用，使其在提供公共文化服务、满足人民精神文化生活需求方面充分发挥作用”“要加强考古工作和历史研究，让收藏在博物馆里的文物、陈列在广阔大地上的遗产、书写在古籍里的文字都活起来，丰富全社会历史文化滋养”。

陶瓷材质的文物是各个地方博物馆收藏品中的大宗门类之一，大多征集或出土于当地，是当地社会、经济、文化发展历史的重要见证物。其中，发生破损的陶瓷器物更是在被流转、保护、使用、改造、修补、掩埋过程中，携带着其被制作出来后各个时期中国人行为活动的痕迹，既能呈现中国历史的波澜壮阔，也能反映历代中国人的烟火生活。陶瓷文物是承担新时代文物保护工作历史使命的最佳品种之一。科学推进陶瓷文物的保护利用，是贯彻习近平总书记关于文物工作重要指示批示精神，坚持“保护第一、加强管理、挖掘价值、有效利用、让文物活起来”的新时代文物工作方针，推进文化旅游事业繁荣发展的具体举措。

湖北是文物大省，根据第一次全国可移动文物普查数据，湖北省国有博物馆收藏的可移动文物总量为 1 332 318 件（套），其中陶瓷文物 186 262 件（套），约占文物总量的 13.98%。然而，其中有 38.40%的陶瓷文物存在不同程度的破损。基于此状况，2018 年 2 月，湖北省文物局组织湖北省文物交流信息中心[①]实施了“湖北省国有博物馆馆藏陶瓷类文物保护利用研究”课题。该课题以第一次全国可移动文物普查数据为基础，以湖北省国有博物馆馆藏陶瓷文物为研究对象，通过统计调查、实地调查和问卷调查等方式，基本弄清了湖北省国有博物馆馆藏陶瓷文物资源总体情况以及保护利用现状，并对陶瓷文物的管理、保护、展陈、利用及文创开发等进行了研究。2020 年 4 月出版的《湖北省国有博物馆馆藏陶瓷文物保护及活化研究》一书即为此课题的重要成果。但该课题并没有对湖北省各个博物馆馆藏陶瓷文物的保护利用进行具体研究、深入挖掘。此次湖北省博物馆联合省内多家博物馆编写“湖北博物馆馆藏陶瓷文物保护与利用研究丛书（第一辑）”，是对该课题成果的具象化。

本丛书从博物馆实际工作出发，探索陶瓷文物保护修复、展示利用的理论与实务，具有指导性、普及性、实操性，填补了同类出版物的空白，能为湖北省乃至全国各地博物馆馆藏陶瓷文物保护及活化研究提供示范和指引；为湖北省陶瓷文物保护利用提供行动指南，促进湖北省陶瓷文物保护利用整体水平提升；挖掘出尚不为人知的湖北省陶瓷文物资源，发挥最大资源潜能，提升现有珍贵陶瓷器物研究的深度和广度，增强陶瓷文物展陈能力，拓展利用空间；扩大湖北省陶瓷文物资源在全国乃至全世界的影响力，助推当地经济、文化事业发展，从而对普及、传播悠久的中国陶瓷文化，赋能湖北文物事业高质量发展起到积极作用。

湖北省博物馆党委委员、副馆长、研究馆员　李奇

2023 年 8 月

① 湖北省文物交流信息中心于 2023 年并入湖北省博物馆，为方便叙述，下文仍沿用原名。

前言

Preface

文物的保护利用是文化传承的重要工作，它不仅是对历史文化的传承，更是对人类文明的珍视。于是，在保护的前提下，科学合理地利用文物资源，让文物在传承中焕发出新的活力，成为博物馆工作的重要目标。

襄阳市博物馆积极响应新时代文物工作方针，即“保护第一、加强管理、挖掘价值、有效利用、让文物活起来”这22字方针，携手湖北省文物交流信息中心，从委托其实施的保护修复项目入手辐射至文物的活化利用，提炼总结出襄阳市博物馆近几年在馆藏陶瓷文物工作方面的重要成果，并集结成书。

本书共四章，第一章主要介绍了襄阳地理位置、自然环境、发展历史，襄阳市博物馆历史沿革、藏品状况、陶瓷藏品现实状况，以及陈列展览与宣教成果等；第二章重点阐述了襄阳市博物馆馆藏瓷器文物保护修复措施，主要内容包括项目概述、现状调查、检测分析、价值评估、保护修复技术路线、保护修复实施过程、保护修复重难点及其处理、瓷器文物保护修复前后对比等；第三章探索了襄阳市博物馆陶瓷文物保管与展示利用研究；第四章展示了襄阳市博物馆陶瓷文物精品。

本书剖析了襄阳市博物馆近年来的工作全貌，揭示了博物馆在文物资源、文物保护、展览陈列、宣传教育等方面基本状况。此外，本书还为陶瓷器类文物藏品的保护利用提供了一定的借鉴经验。

本书由襄阳市博物馆姚练、湖北省博物馆袁方担任主编，襄阳市博物馆范文强、湖北省博物馆黎畅担任副主编。姚练统筹安排全书的编写任务，负责拟定全书大纲，完成书稿最终审核；范文强负责撰写本书第一章以及第三章主要章节和第四章内容；

袁方负责撰写第二章以及第三章部分内容，并承担资料分析和文物检测分析数据的处理工作；白冰洋、王君妍、段奇伟、王峥承担相关资料收集工作，杨力承担照片拍摄与整理工作。

由于编者水平有限，书中难免存在错漏，恳请读者批评指正。

编　者

2023 年 9 月

目 录
Contents

第一章
襄阳市博物馆馆藏陶瓷文物基本状况

第一节　襄阳地理位置与自然环境

一、地理位置

襄阳市位于湖北省西北部，居汉水中游，秦岭大巴山余脉，地跨东经110°45′～113°06′、北纬31°13′～32°37′，北邻河南省南阳市，南与荆门市相邻，东接随州市，西连十堰市。行政区域总面积1.97万平方千米，平面版图呈不规则的平行四边形，边界线全长1 332.8千米。东线北端起自枣阳市新市镇的白竹园寺林场，与随州市新城镇的界牌口村相连；南端止于宜城市流水镇马头村，与钟祥市长寿镇、张集镇相接；两端直线距离109.5千米。西线北端起自老河口市洪山嘴镇杨化岗村，与河南省淅川县相连；南端止于保康县马桥镇，与房县、神农架林区相连；两端直线距离122.8千米。南北纵距北端为老河口市洪山嘴镇杨化岗村，南端为南漳县东巩镇苍坪村，直线距离157千米；东西横距东端起自枣阳市新市镇白竹园寺林场最东端，西端止于保康县马桥镇最西端，直线距离228千米。

二、自然环境

襄阳市的气候属北亚热带季风气候，这里既有滔滔汉水流经，又有干冷、暖湿空气交绥，冬寒夏暑，冬干夏雨，雨热同期，四季分明。加之复杂多样的地貌类型对气候要素产生明显的再分配作用，使得襄阳市内气候形成了各种类型。

襄阳市地形大体分为西部山地，中部岗地、平原，东部低山丘陵三个基本地理单元；地质分属扬子准地台、秦岭地槽两大构造；土壤主要包括黄棕壤、水稻土、石灰土、潮土、紫色土、山地棕壤等六种；山脉分属武当山、荆山、桐柏山、大洪山四大山系；河流分属汉江、沮漳河两大水系。

第二节　襄阳发展历史

一、史前时期

襄阳的史前时期历史沿革主要以文物普查和专题调查发现的文化遗存为主。新石器时代，襄阳地区已有人类活动，此地调查发现和考古发掘的文化遗址点达200多处，它们基本上沿汉水及其支流两岸分布，其文化以大溪文化、屈家岭文化和石家河文化等长江流域文化为主体，也受到黄河流域仰韶文化和龙山文化的影响。大量新石器时代文化遗存的发现，证明在新石器时代襄阳地区人类活动已十分频繁，某种程度上表明襄阳地理位置的重要。

二、历史时期

襄阳是全国历史文化名城，已有2 800多年建制史。早在公元前2070年左右，襄阳便已崭露头角，成为夏王朝的封地，唤名为“杼领”。彼时的襄阳，初窥繁荣，逐渐显露出其独特的地位。襄阳市的发展肇始于周宣王封仲山甫(樊穆仲)于此，从荆州牧刘表徙治襄阳始，襄阳历来为府、道、州、路、县治所。

春秋战国时期，襄阳一跃成为楚国重镇，它既是军事要塞，又是商业枢纽，战略地位显著。秦朝时为邓、筑阳、山都、鄾、随、鄀、鄢、邔等县地。西汉初年始建襄阳县，以县治位于襄水之阳而得名。襄阳自古分为汉水(沔水)南北两岸的襄阳及樊城二城，隔汉江相望，二城在历史上都曾经是军事与商业重镇。三国时期的襄阳是蜀汉与曹魏争夺的焦点。它既是蜀汉北伐的重要基地，也是曹魏南下的重要屏障。那个时代的襄阳，烽火连天，英豪辈出。这种情况一直延续到南北朝，襄阳成为襄阳郡的治所。唐朝时期，襄阳的经济、文化地位得以提升，成为山南东道的治所。宋代，襄阳则为京西南路的治所，繁荣依旧。在元代，襄阳成为行省，经济、文化、商业得到了空前的发展，城市规模也逐渐扩大。明代末期，襄阳成为抗击清军的重要战场。在 1641 年，张献忠领导的农民军攻克襄阳，建立大西国，成为明末清初的一个政治中心。

清代，襄阳改为州治，直接隶属于湖广总督府。清末，襄阳成为较早开展资本主义工业的地区之一，其工业和商业水平在当时有相当的影响。

三、近现代时期

辛亥革命后，1912 年襄阳府废，1914 年设置襄阳道尹公署，领二十县，襄阳境内除清襄阳府所属六县外，郧阳府保康县也改属襄阳道。1933 年，改道为行政督察专员公署，襄阳为湖北省第八区行政督察专员公署，后又改属第五区行政督察专员公署，所领七县即清襄阳府所统六县和保康县。其中，宜城县在抗日战争期间曾改名自忠县，以纪念为抗战殉难的张自忠将军。

襄樊市在 1949 年 1 月首次成立，但于 7 月 14 日被撤销，取而代之的是“襄阳行政区专员公署”的设立。然而，到了 1950 年 5 月 1 日，襄樊市再次重建，成为襄阳专员公署的附属单位。1952 年 6 月 12 日，随县被划归襄阳专员公署管辖。1953 年，襄阳和郧阳合并，称为“襄阳区专员公署”。1964 年，襄郧分家，襄阳专署领有襄、枣、随、宜、南、保、谷、光八县和襄樊市。

自 1978 年开始，襄阳地区行政公署取代了襄阳专员公署，其辖境并未改变。然而，1979 年的行政区划调整使得襄樊市从地区分出，升格为省辖市，同时老河口、随州也分别从光化、随县两县中独立出来，成为地辖县级市。1983 年 11 月，在地市合并的改革中，新襄樊市成立，光化、随县两县分别并入老河口市和随州市，这两县升格为省辖县级市后仍由襄樊市代管。

在此后的岁月里，襄樊市的行政区划持续演变。1988 年和 1994 年，枣阳县和宜城县分别被撤销，设立枣阳市和宜城市，这两个城市都成为省辖县级市，并由襄樊市代管。1992 年，襄樊市高新技术产业开发区成立。1994 年，随州市从襄樊市代管变为省直辖。1995 年，原襄城、樊东、樊西、郊区四个区被撤销，以汉江为界成立了襄城和樊城两区；同年，鱼梁洲经济开发区也宣告成立。

2001 年的重大变革使得原襄阳县被撤销，改成了襄阳区。2010 年 12 月，襄樊市的名字恢复为襄阳市，而襄阳区也更名为襄州区。2012 年，东津新区成立，至此襄阳市形成了管辖三县三市三个行政区三个开发区的格局。

第三节　襄阳市博物馆历史沿革

襄阳市博物馆(图 1-1)，于 1975 年 4 月 28 日创立，初名襄阳地区文化博物馆，主要负责博物馆、图书馆以及少儿图书馆的职责，1977 年正式更名为襄阳地区博物馆，主要负责全地区的文博业务工作。随着行政区域的调整，1983 年襄阳地区与襄樊市合并，博物馆也随之更名为襄樊市博物馆，工作地点并未改变。为了更好地保护和研究历史文化遗产，1996 年襄樊市考古队成立，办公地点设在襄城区荆州街 73 号市政府生活四区，后于 1998 年全部纳入市博物馆编制系列。

图 1-1　襄阳市博物馆

为更好地服务社会，2006 年襄樊市博物馆加挂“襄樊市文物考古研究所”牌子，2007 年考古所办公地点及历史库房迁至襄城区小井巷 23 号原市电影院办公区。2008 年，为了更好地向公众展示历史文化，博物馆迁至襄城区北街 1 号昭明台，并正式对外免费开放。

随着城市名称的变更，2010 年国务院批复襄樊市更名为襄阳市，博物馆也因此更名为“襄阳市博物馆”（“襄樊市文物考古研究所”更名为“襄阳市文物考古研究所”）。同年 12 月，为了加强文物的修复和研究工作，博物馆又加挂“襄阳市文物修复中心”牌子。

经过多年的努力和发展，2013 年襄阳市博物馆被国家文物局授予“国家二级博物馆”称号。

2021 年，博物馆又被湖北省社科联授牌为“湖北省社会科学普及教育基地”，这无疑提升了博物馆在社会科学普及教育方面的影响力和责任。

即将落成的襄阳市博物馆新馆(图 1-2)位于襄城区岘山东部的凤凰山冲，占地面积约 14 万平方米，建筑面积 3 万平方米，布展面积 8 400 平方米。建成后的博物馆新馆主体建筑外面仿照襄阳古城，形成三层方形城台式建筑，中间高高矗立着四角四层攒尖顶的阁式楼宇，依着它背靠的凤凰山，取名凤凰阁。届时，凤凰阁北与襄阳城内昭明台呼应，东与岘山上即将恢复的岘首亭相对，遥相呼应。

图 1-2 襄阳市博物馆新馆效果图

第四节　襄阳市博物馆藏品状况

一、藏品状况

截至2020年年底，襄阳市博物馆馆藏文物总数为67 303件(套)，其中，一级文物112件(套)、二级文物385件(套)、三级文物4 738件(套)。藏品均有完整的原始资料、齐全的入藏手续、详细的藏品登记、清晰的藏品总账及账物相符的分类账。

襄阳市博物馆馆藏文物包括金银器、青铜器、陶瓷器、玉石器、漆木器、古字画、碑帖墓志、石刻木雕等，质地多样，类别丰富、形制各异，时代特征明显。先秦时期的文物，尤其是大量带有铭文的青铜器，构成了襄阳市博物馆馆藏文物和历史文化的特色。尤以商周青铜器较具特色，最为集中的是西周晚期至春秋晚期的诸侯国青铜器，有铭文的青铜器的数量和质量位居全省前列，涉及的诸侯国包括鄂、邓、曾、楚、郑、鄀、蔡、黄、卫、弦、应、吴、徐、许、秦等。还有一批完整的三国时期文物、战国至清代自成序列的铜镜、内容丰富的南北朝画像砖、小型明清道教造像、数千张馆藏原始拓片等，也是襄阳市博物馆具有一定特色的藏品。

二、藏品账目与档案整理情况

襄阳市博物馆通过征集、采集、购买、考古发掘、接受捐赠和调拨等方式取得藏品，接收的藏品在30个工作日内列入藏品总账，建立的藏品总账、分类账及每件藏品档案报上级文物主管部门备案。同时，襄阳市博物馆全面开展馆藏文物保护整理及藏品档案数字化工作。2023 年，襄阳市博物馆推进藏品账册及档案数字化工作，完成 863 份馆藏藏品档案的扫描工作；清点馆藏文物现存状况，完成馆藏共计 4 300 (件)套文物尺寸测量及文物囊匣生产制作。

三、藏品保管

襄阳市博物馆文物库房(图 1-3)面积 1 200 平方米，按质地和保存要求对藏品进行分类、分库保存，设置壁画专用库房，并新增采购恒温、恒湿设备，以确保壁画的安全。安排专人负责库房的管理工作，严格规范管理人员及文物出入库房。在藏品的日常性保护设备设施运行上，每年定期对库房消防、安防系统设备设施进行检查维护。在库房的环境控制上，使用恒温机组对库房进行恒温、恒湿调节，确保藏品在稳定的环境中长期保存；使用空气质量检测仪对库房环境进行 24 小时质量检测；使用空气净化屏过滤库房内外的有害气体，使得藏品在相对稳定的洁净空气中延长保存时间。

图 1-3　文物库房

四、代表性藏品

1. 环带纹铜甗(图 1-4)

藏品时代：西周时期。

藏品尺寸：高 39.4 厘米、口长 16.5 厘米、口宽 15.5 厘米。

藏品描述：全器分为上下两部分，上体甑呈长方斗形，侈口，立耳，腹壁斜收，甑体四壁从上至下分饰重环纹、环带纹和横“S”窃曲纹，中部环带纹为主体纹饰，表面纹饰富丽、大气，体现出了西周中晚期青铜器形端庄厚重的特点，极具美学价值。

图 1-4　西周环带纹铜甗

2.“登”铜穌鑃(图 1-5)

藏品时代：春秋时期。

藏品尺寸：高 12 厘米、铣间 6.8 厘米、鼓间 5.2 厘米、柄长 4.1 厘米。

藏品描述：器体呈合瓦扁体，平舞，侈铣，弧于。舞顶部中间置方銎短柄，与腔体贯通，方銎短柄中部有对穿的小圆形孔，可安装固定木柄。腔体底内有“U”形槽用于悬挂槌状的舌。器身正背两面自上而下于框线内饰蟠虺纹，间饰三角形涡云纹。双面两栾铸对读铭文 42 字，重文 2 字。整体器形方正端庄，纹饰细腻精美。

图 1-5　春秋“登”铜穌鑃

3. “卫伯须”铜鼎(图 1-6)

藏品时代：春秋时期。

藏品尺寸：高 26.6 厘米、口径 28 厘米、腹径 27 厘米、腹深 11.6 厘米。

藏品描述：敛口，仰折沿，方唇，立耳，浅鼓腹，圆底，蹄形足。足内侧有竖向凹槽并裸露范土，足下部系补铸。口沿下饰横“C”形无目窃曲纹，腹饰连体龙纹，间一道凸弦纹，耳部饰窃曲纹和重环纹。

图 1-6　春秋“卫伯须”铜鼎

4. 嵌错龙凤云纹铜樽(图 1-7)

藏品时代：战国时期。

藏品尺寸：高 15.1 厘米、口径 20.3 厘米、底径 17.7 厘米。

藏品描述：樽圆体，带盖。盖顶部凸起略呈圆锥状，上有一环钮，侧面置有三个凤鸟形环钮，盖沿边缘三兽面形卡扣。器身为口大底小，直口，斜直壁，腹侧有对称铺衔首环，三小兽蹄形足。盖面以弦纹分隔为两组镶嵌纹饰，内圈为左右对称的勾连云纹，外圈为三组变形龙、凤纹，每组横列四龙四凤，也是两两左右对称，间饰细云纹。器体腹部嵌错勾连云纹。

图 1-7　战国嵌错龙凤云纹铜樽

5. 青铜马(图 1-8)

藏品时代：三国时期。

藏品尺寸：高 163 厘米、长 163 厘米。

藏品描述：器物呈灰绿色，面颊平，双耳直立如削竹，两目凸出，翘鼻，张口露齿，双耳间立一扁长条状纛，额部錾刻有阴线流苏，长颈丰腴，上部有直立鬃毛，作引颈嘶鸣状。马呈站立状。两前肢微外张，后肢直立，马尾下垂。该马是目前国内出土体型最大的青铜马，堪称“中华第一青铜马”。

图 1-8　三国青铜马

6. 明弘治款云龙纹鎏金铜钟(图 1-9)

藏品时代：明代。

藏品尺寸：高 25.8 厘米、口径 16.5 厘米。

藏品描述：整器通体鎏金。龙首蒲牢钮，钮高 4.2 厘米，以双龙腹尾缠绕为提手，龙拱背四脚撑地与钟体相连，五爪。顶端由细凸弦纹分为内外二区，内区饰四朵对称如意云纹，外区饰十六瓣变形莲瓣纹，顶部正中有直径 1.5 厘米的圆孔。钟身上部由凸弦纹划分为八区，区内浮雕八个云龙图案，区间各饰一朵如意云纹，共八朵。下部有一圈海水波涛纹，口沿均匀地分布着四个大圆饼。口部铸正楷阳文十六字：“大明弘治丁巳年十二月吉日坤宁宫施”。

图 1-9　明弘治款云龙纹鎏金铜钟

7. 徐王义楚之子羽剑（图 1-10）

藏品时代：春秋晚期。

藏品尺寸：长 53.5 厘米。

藏品描述：圆首内凹，呈喇叭形，实茎，茎上有二箍，蝠形宽格，隆脊，腊宽，两锷微撇，三角形锋。茎上饰蓝色琉璃镶嵌的蟠虺纹。格两面分别铸有铭文，一面为“徐王义楚之元子羽”，另一面为“择其吉金自作用剑”，字间空隙以蓝色琉璃镶嵌。

图 1-10　春秋晚期徐王义楚之子羽剑

8. 龙蛇座莲瓣盘漆豆(图 1-11)

藏品时代：战国时期。

藏品尺寸：高 20 厘米。

藏品描述：器物造型为短身龙衔蛇托盘，龙身立起，龙首侧视，嘴衔蛇尾，蛇身蟠贴龙腹，蛇头与龙首对应，蛇嘴衔盘，与龙角、双前足构成垂直四点托住盘；盘呈椭圆形，上有 16 个莲瓣突起；龙后半身卧伏于一薄椭圆形座上，尾巴贴座盘绕一周。

图 1-11　战国龙蛇座莲瓣盘漆豆

9. 铜蒜头壶(图 1-12)

藏品时代：秦代。

藏品尺寸：高 30 厘米、最大腹径 21.5 厘米。

藏品描述：小圆口，长束颈，圆鼓腹，矮圈足。壶口部一周制作成六瓣蒜头形，颈部装饰有一周凸弦纹。

图 1-12　秦铜蒜头壶

10. 黄褐釉陶楼(图 1-13)

藏品时代：三国时期。

藏品尺寸：高 104 厘米、进深 31 厘米、宽 33 厘米。

藏品描述：陶楼由门楼、院墙和二层楼阁组成。院墙的平面呈长方形，左、右、后三面墙顶盖双坡式檐瓦。前墙较高，上承双面坡屋顶，前坡下有两根八边形廊柱相承，廊柱和前墙以两横梁相连，后坡檐搭于左右围墙之上，形成门楼。两廊柱下有熊形柱础，内侧有两根拴马桩。院内有两层楼阁，底层楼阁前墙开一大门，两扇门扉，门扉上装饰竖向条纹，门上方墙上装饰网格纹和竖向条纹，左、右侧墙壁上方各有一长方形窗，五脊四注式腰檐，正脊和垂脊末端有菩提树叶形鸱尾，其上以四熊托起平座，平座四周施勾栏，平座上承第二层楼阁，四壁装有百叶窗，五脊四注式屋顶，脊端有菩提树叶形鸱尾，顶部正中立有宝刹(相轮)，底座镂空，近半球形，镂刻出母子熊斗虎图案，上为七重覆豆盘状相轮，顶立一月牙形兽。屋顶有瓦垄，瓦垄末端模印圆形云纹瓦当。

图 1-13　三国黄褐釉陶楼

11. 和田猪形玉握(图 1-14)

藏品时代：三国时期。

藏品尺寸：高 3 厘米、长 9.9 厘米、宽 2.8 厘米。

藏品描述：玉握由整块和田白玉雕刻而成，猪形，体呈卧伏状，眼、耳、鼻、口、四肢、尾巴俱全。四肢上有游丝线刻细毛。整器尽管小巧，但简洁大方，温润晶莹，完美无瑕。雕刻采用成熟的“汉八刀”，手法细腻，猪形憨态可掬，极富动感。

图 1-14　三国和田猪形玉握

12. 宝相花纹铜镜(图 1-15)

藏品时代：唐代。

藏品尺寸：直径 20.9 厘米。

藏品描述：八出葵花形，圆纽，莲花瓣纽座。主纹装饰一圈菱形花瓣纹，外侧以枝蔓相连，枝蔓上生出不同式样的莲花八朵，两种花均为重瓣，一种花朵满开，花瓣呈桃形，中心花蕊耸起；另一种花朵初绽露出点点花蕊，花瓣舒展。铜镜的构图布局清新明朗，流畅华丽。

图 1-15　唐宝相花纹铜镜

第五节　襄阳市博物馆陶瓷藏品现实状况

目前，襄阳市博物馆的基本陈列“襄阳古代历史文化展”中展出的陶瓷文物共计145件(套)，包括陶器文物112件(套)，瓷器文物33件(套)。其中，第一单元“史前时期的襄阳(20万年前至公元前21世纪)”展出新石器时代陶器文物31件(套)，其中2002年襄阳区张家集镇邵家棚遗址出土的新石器时代陶盘(高圈足陶盘)属黑陶中的精品，高圈足陶盘是古代的一种盛装器，通常做盛水和食物之用；第二单元“先秦时期的襄阳(公元前21世纪至公元前221年)”展出夏代陶器文物4件(套)、战国时期陶器文物4件(套)，其中1997年襄城区王树岗遗址出土的二里头陶兽首杯体现了夏代人们的审美情趣；第三单元“秦汉时期的襄阳(公元前221年至公元220年)”展出两汉时期陶瓷文物51件(套)；第四单元“三国两晋南北朝时期的襄阳(公元220年至公元581年)”展出三国时期陶瓷文物3件(套)，两晋时期陶瓷文物10件(套)，南北朝时期陶瓷文物13件(套)；第五单元“隋唐至明清时期的襄阳(公元581年至公元1911年)”展出唐代陶瓷文物15件(套)，宋代陶瓷文物6件(套)，元代陶瓷文物2件(套)，明代陶瓷文物5件(套)，清代陶瓷文物1件(套)。

第六节　襄阳市博物馆陈列展览与宣教成果

一、陈列展览

(一) 基本陈列

襄阳市博物馆建筑面积9 739平方米，展厅面积3 200平方米，陈列面积近2 000平方米。襄阳市博物馆的基本陈列是以“聆文明之足音，品南北之遗韵”为主题的“襄阳古代历史文化展”(图1-16)，分为史前时期、先秦时期、秦汉时期、三国两晋南北朝时期及隋唐至明清时期五个单元，全面介绍了襄阳历史文化的发展概况，展出各个时期文物800多件(套)，器物种类包括金银器、青铜器、陶瓷器、玉石器等。

(二) 临时展览

2019年襄阳市博物馆通过加强馆际交流，引进江苏如皋博物馆“‘方寸天地 唯印示信’东皋印派印章专题展”、武汉市晴川阁(武汉大禹文化博物馆)“翰墨诗韵·名家与晴川阁书画珍藏展”、武当山博物馆“金石六百年——武当碑拓艺术展”、山东泰安博物馆“镌刻的历史——泰山石刻拓片艺术展”、安徽马鞍山博物馆“契约中国——马鞍山市博物馆馆藏契约展”等5个不同类型的专题展览，免费向公众开放，不断满足人们的多元文化需求。

图 1-16 “襄阳古代历史文化展”

2019 年襄阳市博物馆积极推动襄阳优秀文物资源“走出去”，赴外地参加和推出展览 9 个。4 块馆藏南宋壁画在西安曲江艺术博物馆参加“中国古代壁画源流——色彩形象穷神变”展览；18 件精品青铜器在国家典籍博物馆参加“我从哪里来——中国古代姓氏文化专题展”；原创展览“天国之享——襄阳地区出土南朝画像砖艺术展”赴广东、武汉、江苏、武当山、安徽等地博物馆举办外展 5 场次，“米芾书法拓片展”在黄石博物馆、唐城景区举办外展 2 场次。2019 年 11 月，襄阳市博物馆与湖北省博物馆签订了《文物借展协议》，馆藏 2 件青铜器和 1 件玉器于 2020 年 9 月 1 日至 2021 年 7 月 20 日随湖北省博物馆一同赴美参加美国亚洲艺术博物馆和圣路易斯博物馆举办的“凤凰传说”展览。这些文物外展不仅让深藏闺中的文物“活”起来，更进一步扩大了襄阳的影响。

2020 年襄阳市博物馆与襄阳市群众艺术馆联合举办“我和我的另一面——美术作品展”。通过馆际交流，襄阳市博物馆引进外地博物馆的 3 个专题展览：兰溪市博物馆的“民瓷之冠——兰溪市博物馆馆藏帽筒精品展”、吉林市博物馆的“曹文汉版画展”、成都武侯祠博物馆的“万古云霄一羽毛——书画中的诸葛亮”。

2020 年襄阳市博物馆原创展览“天国之享——襄阳地区出土南朝画像砖艺术展”在襄阳唐城景区举办外展 1 场次；“米芾书法拓片展”在兰溪市博物馆、义乌市博物馆、吉林市博物馆、襄阳唐城景区举办外展 4 场次；“妙想天开：米芾的书房——襄阳市博物馆藏书法拓片展”在成都武侯祠博物馆举办外展 1 场次。

2021 年襄阳市博物馆共引进或举办临时展览 5 场次：“十二生肖迎新春系列特展——牛转乾坤”“石勒功垂——襄阳市石窟寺与摩崖石刻调查成果展”“苏鸿斌非遗双钩书法展”“起飞——襄阳市老年大学摄影系生态摄影展”“纸墨汉风——滕州汉画像石精品拓片展”。

2021 年襄阳市博物馆向外推出襄阳文物展 5 场次：“妙想天开：米芾的书房——襄阳市博物馆藏书法拓片展”“华章重现——曾世家文物特展”“明良千古——刘备与诸葛亮君臣合展”“天国之享——南朝画像砖艺术”“曾世家·考古发现的曾国”（原名

“曾国之谜”）。

2022 年襄阳市博物馆通过馆际交流和社会合作，共制作、引进、推出专题展览 13 个。一是挖掘馆藏文物资源开展原创临时展览 2 个，分别为“十二生肖迎新春系列特展——瑞虎迎祥”“石勒功垂——襄阳市石窟寺与摩崖石刻调查成果展”。二是推动襄阳优秀文物资源“走出去”，推出原创展览 5 个，参加联合展览 6 个，其中原创展览“天国之享——南北朝画像砖艺术展”在新疆生产建设兵团和阿拉善博物馆展出；“米芾书法拓片展”在含山博物馆、赣州市博物馆和抚州市博物馆展出；参加成都武侯祠博物馆的“明良千古——刘备与诸葛亮君臣合展”，湖北省博物馆的“曾世家·考古发现的曾国”“楚国八百年”“凤凰故国——青铜时代曾楚艺术展”合展，清华大学艺术博物馆的“跨越东西的审美：中日交流两千年”合展。其中，“明良千古——刘备与诸葛亮君臣合展”荣获 2021 年度“全国博物馆十大陈列展览精品推介优胜奖”。

2023 年襄阳市博物馆通过创新展览方式、丰富展览活动等途径，不断拉近群众与文物的距离，推动馆藏文物“活”起来，通过馆际交流和社会合作，共制作、引进、推出专题展览 12 个。其中，为深入挖掘馆藏文物资源，开展原创临时展览 3 个；为推动襄阳优秀文物资源“走出去”，推出原创展览 7 个，参加联合展览 2 个。

二、宣教成果

襄阳市博物馆宣教部门于 2015 年开发的“昭明课堂”综合实践课程，是襄阳市博物馆依托馆藏文物资源，以襄阳古城文化地标建筑——昭明台为背景打造的社教品牌。“昭明课堂”推出了“印在砖上的画”“三国遗韵”“中国艺术之瑰宝——铜镜”“从青铜礼器看楚国礼仪”“襄阳名人知多少”“襄阳名‘战’”“楚国兵器”等具有襄阳历史文化特色的传统文化课程，向受众分享和普及文化文物知识，坚定文化自信，培养青少年爱国、爱家乡的情感。

2015—2017 年，“昭明课堂”走进襄阳市下辖贫困地区和偏远山区中小学，让孩子们在学校里就能了解家乡的历史及变迁。2018年“昭明课堂”走进城区的中小学校，受到了学生们的喜爱和认可。在此期间，“昭明课堂”还联合湖北省博物馆“礼乐学堂”、十堰市博物馆“十博课堂”、鄂州市博物馆“吴都古韵课堂”等给学生们带来各个博物馆的精彩课程，使博物馆资源惠及更多未成年人。2019年“昭明课堂”受邀走进城区各学校之余，在馆内举办爱国主义教育实践活动，并招录40名小小讲解员在暑期进行培训上岗，为观众讲解襄阳历史文化知识；在重大节日，配合陈列部举行的特展，开展专题讲解；邀请湖北省博物馆“礼乐学堂”、武当博物馆共同走进企业、走进社区，开展“传承荆楚文化 献礼祖国七十华诞”主题社教活动；中国传统节日期间，在馆内开展“我们的节日”主题社教活动。

除保留线下“昭明课堂”外，自2020年起，襄阳市博物馆借助新媒体技术，推出一系列“昭明课堂”线上课程，以图文课程、音频课程、视频课程、直播课程等多种形式，以襄阳历史文化为背景，把历史文化知识通过新方式呈现出来，引导学生感受中华传统文化的独特魅力，领悟中华文明的深邃与博大。其中，最受欢迎的是基于“天国之享——襄阳地区出土南朝画像砖艺术展”和“三国遗韵——襄阳樊城大型三国墓出土文物”两个展览推出的“印在砖上的画”和“三国遗韵”精品课程。

2020年襄阳市博物馆依托“昭明课堂”和“襄阳市青少年科普基地”，结合全国文明城市创建，开展“2019年度优秀志愿者、小小讲解员表彰大会”“2020非你莫‘鼠’”“我们的节日·春节”“传承我们的优秀文化·端午 巧手折(剪)纸”“走进襄阳瑰宝 寻迹荆楚文明”“2020年襄阳市博物馆‘对话历史与未来，做城市文明小使者’小小讲解员暑期培训班”“普及科学知识，探寻历史奥秘”“庆国庆 迎中秋 巧手绘团扇”等线下主题教育活动9场次；与襄阳草草义工协会携手，先后走进襄州辖区各学校，开展“2020年襄阳市妇联关爱儿童服务‘金秋行动’”活动，为当地学生带去博物馆“昭明课堂”精品课程。

2021年襄阳市博物馆累计开展线下各类社教活动27场(图1-17至图1-20)；线上“昭明课堂”微课堂33期；利用网站、微信公众号等推出文物精品展示185期。其中“巧手剪纸感党恩 童心向党庆百年”主题社教活动(图 1-20),大胆尝试将党史宣传教育与中国优秀传统文化巧妙融合,以若干历史故事和鲜活的人物事例贯穿整个课堂,在学习党的百年奋斗历程相关知识的同时通过制作红色剪纸作品,激发同学们的爱党爱国之情,弘扬革命精神,传承红色基因。“襄助特殊群体 博促文化传承”志愿服务活动联合襄阳展颜特殊教育培训学校共同开展,通过对馆藏珍贵文物的讲解,使心智障碍儿童感受传统文化魅力。此举不仅发挥了博物馆公共文化服务作用,而且增强了弱势群体的获得感和自信心。

图 1-17　襄阳市博物馆“昭明课堂”系列主题活动

图 1-18　“昭明课堂”走进新疆生产建设兵团第五师八十九团小学

图 1-19　“我们的节日·端午”主题社教活动

图 1-20　“巧手剪纸感党恩 童心向党庆百年”主题社教活动

2022年襄阳市博物馆持续秉持“走出去、引进来”理念，共开展各类线下活动24场，在端午节走进湖北银行开展“喜迎元宵 猜灯谜”“昭明课堂”进企业活动1场，联合昭明台社区开展“昭明课堂”进社区活动1场，走进保康县两裕乡、南漳县新时代文明实践志愿服务孵化基地、襄阳第二十三中学开展“昭明课堂”进校园活动3场；在馆内开展线下主题社教活动19场，其中5月15日开展的“在诗词中邂逅最美襄阳”知识竞赛活动，以文物和诗词相结合，让市民深刻感受中华文化之美，提升文学素养，进一步坚定文物自信；5月27日在保康县两裕乡开展的“乡村振兴 你我同行”文化志愿服务活动，以文化建设助力乡村振兴，把历史文化知识覆盖到县、乡、镇中，发挥博物馆“第二课堂”作用；5月28日开展的“襄阳农耕文明的前世今生”精品科普课程，引导青少年追寻历史遗存，感知民俗、热爱劳动，坚定文化自信，让收藏在博物馆的那些饱经沧桑的农耕器物熠熠生辉。

2023年襄阳市博物馆深耕“昭明课堂”品牌特色，秉持“引进来、走出去”的理念，围绕育新人、兴文化、展形象，开展各类线下活动60场；以中华民族优秀传统文化为载体，依托博物馆官网、微信公众号平台，拓宽社会教育覆盖面，开展“我们的节日”线上课堂6期，推出“襄博科普云课堂”17期、“襄博文物”51期、“昭明课堂”微课堂24期。

第二章
襄阳市博物馆馆藏瓷器文物保护修复措施

第一节　项目概述

2018 年 10 月 10 日，襄阳市博物馆、襄阳市文物考古研究所委托湖北省文物交流信息中心，对其收藏的 60 件(套)破损瓷器文物进行保护修复。这 60 件(套)瓷器存在破碎、缺损、裂缝、胎釉酥粉等病害，湖北省文物交流信息中心通过对这批瓷器进行进一步分析检测和现状调查，根据这批瓷器的实际保存及病害状况制订“襄阳市邓城区域、樊城区域和襄城区域墓葬出土瓷器文物保护修复实施方案”，在遵循文物保护修复“最小干预”原则的基础上，力求保护修复后的每件文物能完整地呈现文物信息，具备良好的展陈效果。2019 年 10 月，该方案获得湖北省文化和旅游厅批复同意(批准文件号：鄂文旅函〔2019〕289 号)。2020 年 12 月至 2021 年 12 月，湖北省文物交流信息中心对这 60 件(套)瓷器文物实施保护修复。

第二节　现状调查

一、基本信息

襄阳市邓城区域、樊城区域和襄城区域墓葬出土瓷器文物保护修复项目，以襄阳市邓城区域、樊城区域和襄城区域所出土的瓷器文物为主要保护修复对象。其中，在邓城区域古城遗址出土的瓷器共 16 件(套)，有 2 件(套)出自韩岗墓地、12 件(套)

出自黄家村墓地、2 件(套)出自唐楼墓地；在樊城区域出土的瓷器共 7 件(套)，都出自杜甫巷墓地；在襄城区域出土的瓷器共 37 件(套)，有 1 件(套)出自南街遗址、1 件(套)出自欧庙墓地、3 件(套)出自枇杷山墓地、5 件(套)出自四七七医院遗址、6 件(套)出自檀溪墓地、1 件(套)出自桃花岭墓地、3 件(套)出自岘山墓地、2 件(套)出自襄大墓地、12 件(套)出自羊祜山墓地、2 件(套)出自真武山墓地、1 件(套)出自周家湾墓地，详见表 2-1。

表 2-1　本项目中出土器物来源情况

器物出土区域	器物出土地点	器物数量/件(套)	小计/件(套)
邓城区域	韩岗墓地	2	16
	黄家村墓地	12	
	唐楼墓地	2	
樊城区域	杜甫巷墓地	7	7
襄城区域	南街遗址	1	37
	欧庙墓地	1	
	枇杷山墓地	3	
	四七七医院遗址	5	
	檀溪墓地	6	
	桃花岭墓地	1	
	岘山墓地	3	
	襄大墓地	2	
	羊祜山墓地	12	
	真武山墓地	2	
	周家湾墓地	1	
合计/件(套)		60	

本项目中60件(套)瓷器文物生产年代跨度大(图2-1)，从魏晋南北朝到清代，以唐代及宋元时期为主；器型丰富，包括碗、壶、盘、罐、碟、盏、枕、托炉、洗，详见图2-2；装饰工艺丰富，有印花、划花、贴塑、彩绘等工艺。

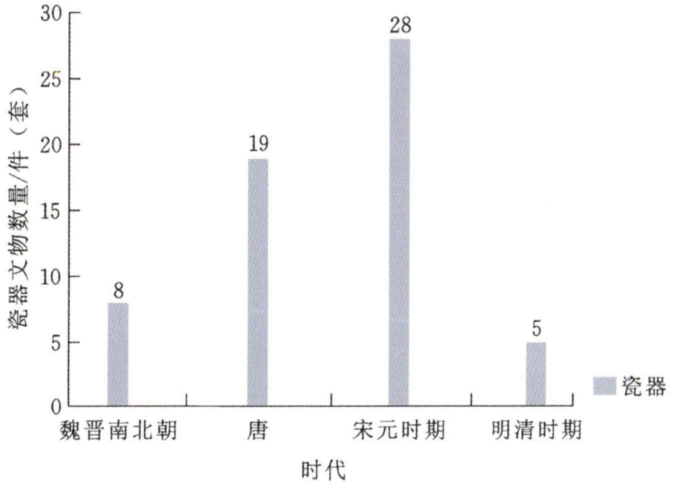

图2-1　本项目中保护修复瓷器文物时代分布图

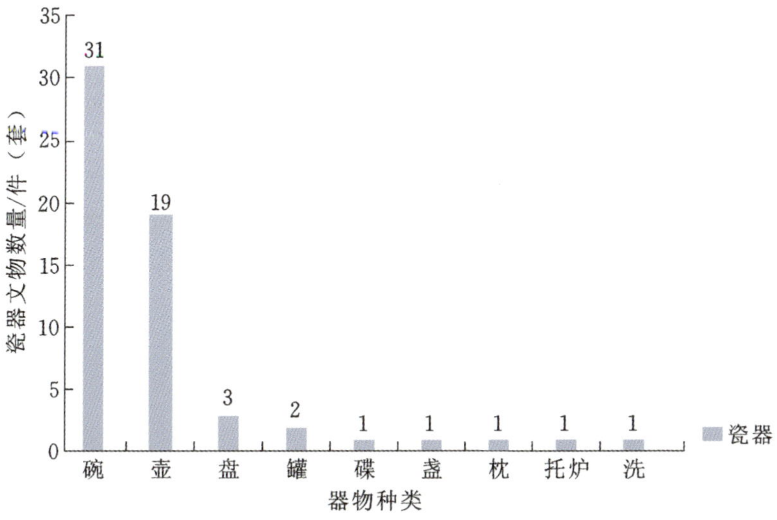

图2-2　本项目中保护修复瓷器文物种类分布图

二、病害情况

本项目中60件(套)瓷器均为襄阳地区出土文物，在原埋藏环境中受生物、化学侵蚀，墓室棺椁坍塌等外力作用致使器物破损严重，出土后仅进行简单清洗及粘接处理，为便于长期保存及满足展陈与利用的需要，应及时对其进行科学保护并进行规范修复。由于出土环境与后期保存环境不同，这批瓷器病害情况不一，主要有冲口、破碎、缺损、裂缝、附着物、不当修复痕迹等。

(一) 冲口

冲口，是指器物口部因外力作用出现的长短不等、穿透胎体的纹路(图2-3、图2-4)。

图 2-3　宋龙泉窑青釉碗

图 2-4　宋湖田窑青白釉碗

（二）破碎

破碎，是指器物因外力作用而造成破裂(图 2-5、图 2-6)，破裂的器物仍然完整，并无缺失。

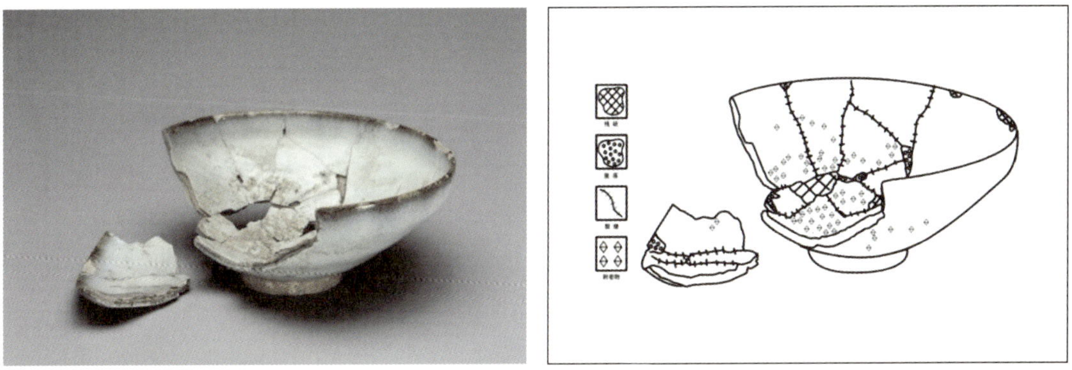

图 2-5　宋元钧窑月白釉碗

图 2-6　唐白釉碗

（三）缺损

缺损，是指器物因外力作用而破碎，造成器物局部缺失（图 2-7、图 2-8）。部分器物缺损严重，关键部位缺失，补配难度大，需要在价值评估的基础上根据古文献及同时代标准器进行合理修复。

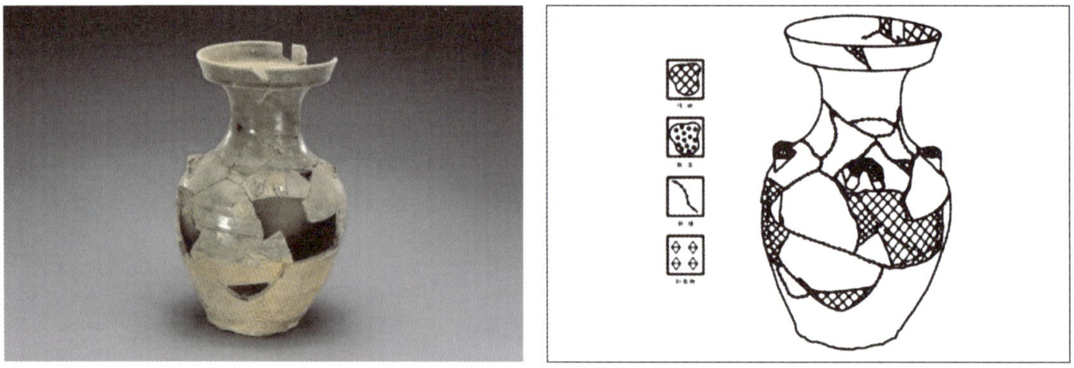

图 2-7　六朝青釉四系盘口壶

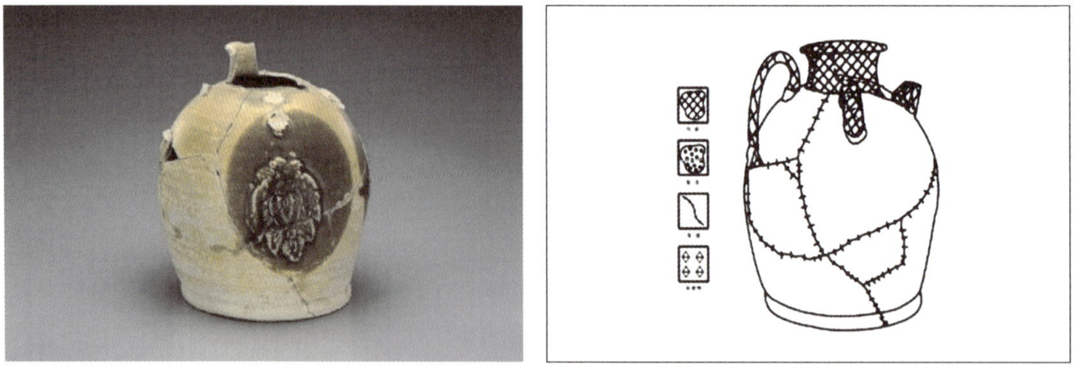

图 2-8　唐长沙窑褐彩双系执壶

（四）裂缝

裂缝，是指器物因外力作用出现的穿透胎体的纹路（图 2-9）。

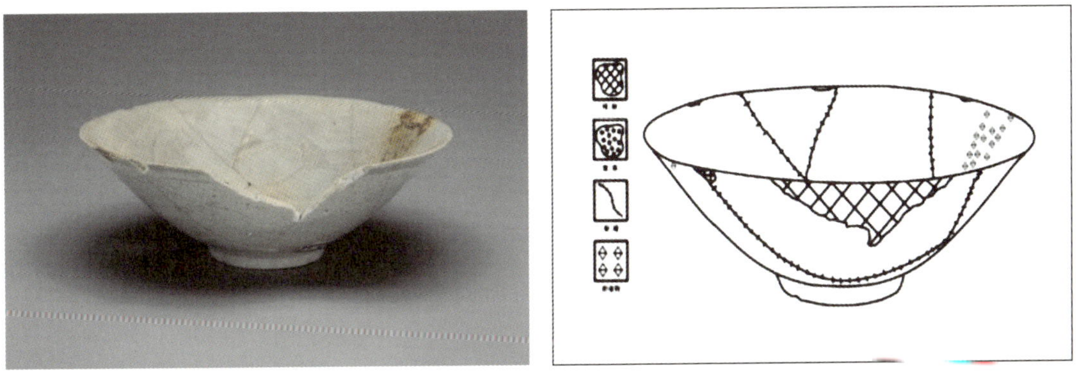

图 2-9　宋青白釉刻划花碗

（五）附着物

附着物，是指出土器物上黏附的影响器物外观的物质。受埋藏环境影响，器物出土时会存在附着物（图 2-10），具体表现为较易清除的浮土、与器物结合较为紧密的土锈、含可溶性盐类的物质。

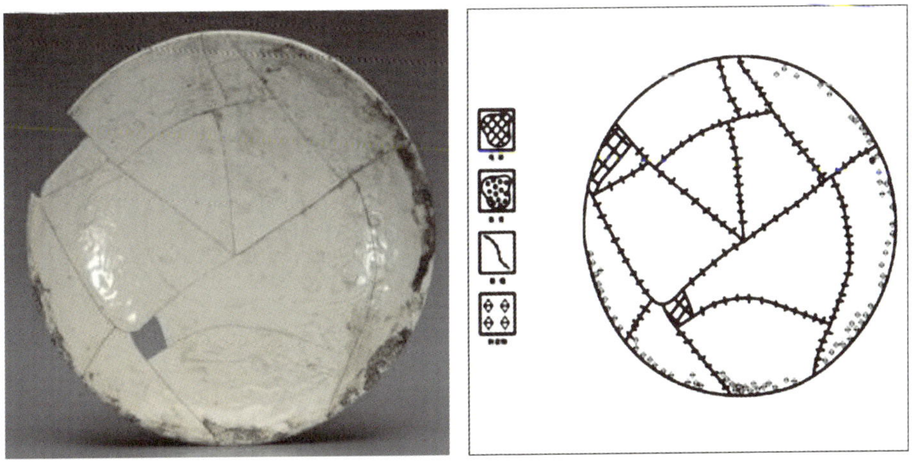

图 2-10　宋定窑白釉印花盘

（六）不当修复痕迹

不当修复痕迹，是指器物在出土时的不当修复，导致器物粘接错位和修复老化（图 2-11、图 2-12）。

图 2-11　西晋青釉水波纹四系罐

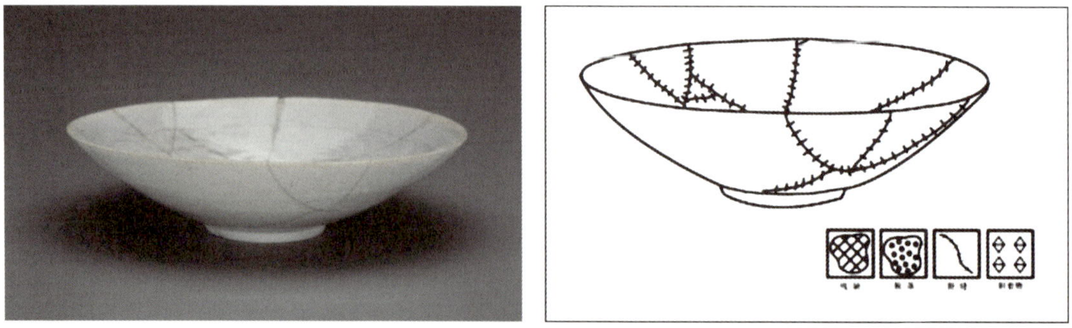

图 2-12　宋青白釉划花碗

第三节　检测分析

由于本项目中60件(套)器物均为出土瓷器，其表面存在附着物，胎釉的疏密状况也不尽相同，所以需要进行有针对性的检测分析。经现场实物观察可知，其中33件(套)瓷器状态稳定，无须使用仪器进行检测分析；剩余27件(套)瓷器存在不同程度的破损，需要使用相应仪器进行有针对性的检测分析。这27件(套)瓷器中，有26件(套)瓷器存在破损、脱釉等现象，需要用显微镜检测其断面结构、胎釉状态及釉面附着物的微观结构；27件(套)瓷器存在难以用物理方法去除的表面附着物，需要使用X射线荧光光谱仪对其进行检测分析，以确定适宜的附着物清除方法；19件(套)瓷器存在顽固附着物及内装物，需要使用离子色谱仪对其进行检测分析，以确定适宜的附着物清除方法。

一、便携式显微镜观察

由于部分瓷器存在附着物，胎釉结合的紧密程度也不尽相同，所以需要使用显微镜对其断面结构、胎釉状态、釉面附着物进行观察，以了解其断面的胎釉结合紧密程度以及釉面附着物的微观结构，以便确定附着物清除方法，以及确定是否需要进行加固处理。

(1) 检测对象：选取长沙窑青釉绿彩执壶、鲁山窑黑釉白彩执壶等26件(套)样品。

(2) 检测仪器：艾尼提(Anyty)401型便携式显微镜。

(3) 检测时间：2019年5月27日。

(4) 检测结果与处理意见：详见表2-2。

表 2-2　样品显微检测结果与处理意见

序号	器物名称	器物编号	显微结构图片	检测结果	处理意见
1	长沙窑青釉绿彩执壶	M14:2	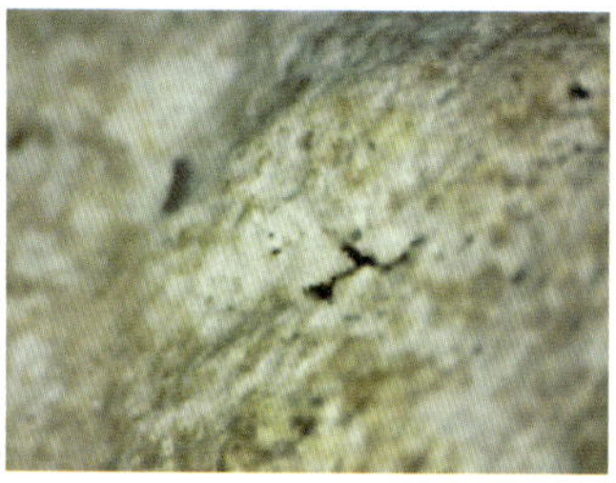	胎质疏松，胎釉结合不紧密	先用化学清除法清洗，再用 Paraloid B-72 进行加固、封护
2	鲁山窑黑釉白彩执壶	M47:1	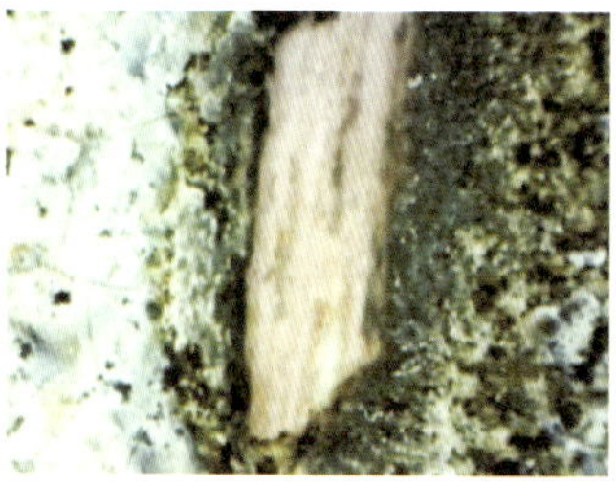	胎质疏松，胎釉结合不紧密	先用化学清除法清洗，再用 Paraloid B-72 进行加固、封护
3	长沙窑青釉绿彩执壶	M48:1	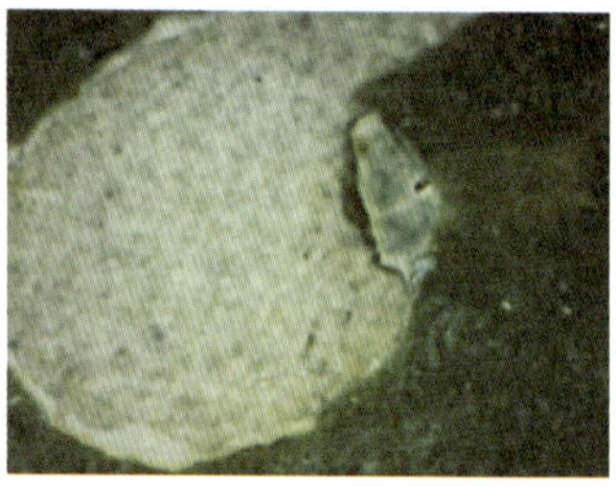	胎质疏松，胎釉结合不紧密	先用化学清除法清洗，再用 Paraloid B-72 进行加固、封护
4	长沙窑青釉执壶	M196:1		胎质疏松，胎釉结合不紧密	先用化学清除法清洗，再用 Paraloid B-72 进行加固、封护

续表2-2

序号	器物名称	器物编号	显微结构图片	检测结果	处理意见
5	长沙窑青釉双系壶	M198:2		胎质疏松，胎釉结合不紧密	先用化学清除法清洗，再用 Paraloid B-72 进行加固、封护
6	邢窑白釉执壶	M200:2		胎质疏松，胎釉结合不紧密	先用化学清除法清洗，再用 Paraloid B-72 进行加固、封护
7	长沙窑青釉执壶	M194:1	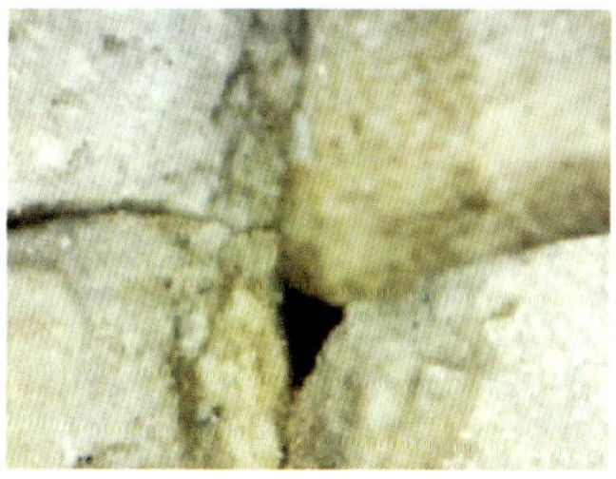	胎质疏松，胎釉结合不紧密	先用化学清除法清洗，再用 Paraloid B-72 进行加固、封护
8	长沙窑酱釉执壶	M199:2	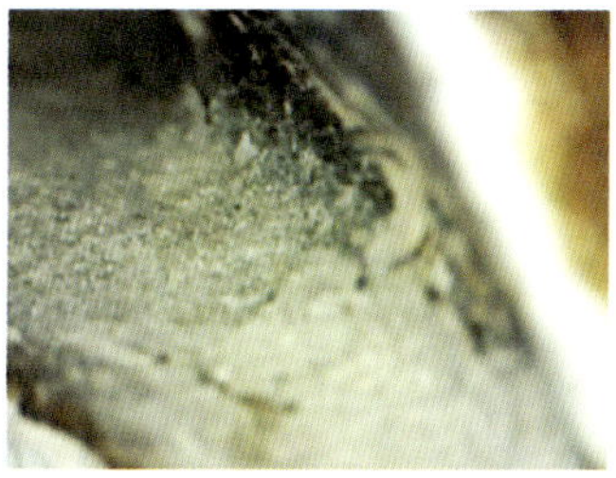	胎质疏松，胎釉结合不紧密	先用化学清除法清洗，再用 Paraloid B-72 进行加固、封护

续表2-2

序号	器物名称	器物编号	显微结构图片	检测结果	处理意见
9	霁蓝釉碗	M112:3		胎质致密，胎釉结合紧密	采用化学清除法和物理清除法进行清洗
10	青花花卉纹碗	M2:1	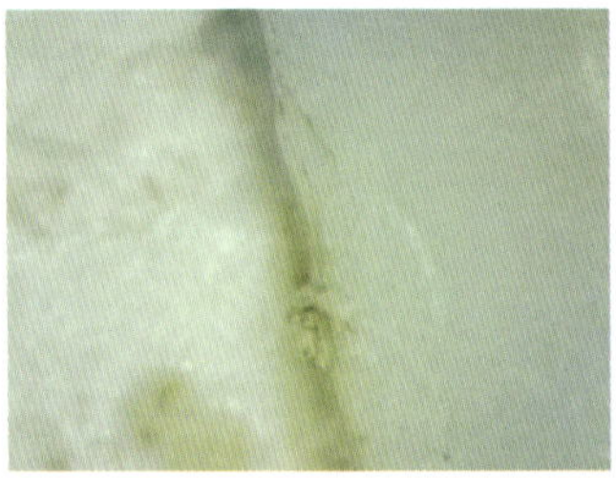	胎质致密，胎釉结合紧密	采用化学清除法和物理清除法进行清洗
11	青白釉刻划花碗	M21:3		胎质致密，胎釉结合紧密	采用化学清除法和物理清除法进行清洗
12	青白釉刻划花斗笠碗	M22:2	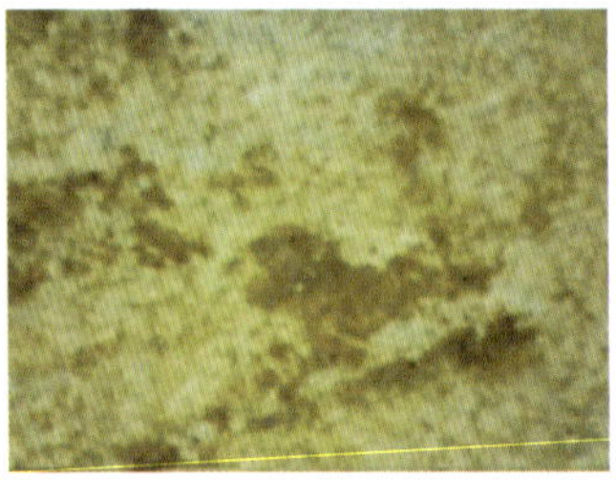	胎质疏松，胎釉结合不紧密	先用化学清除法清洗，再用Paraloid B-72进行加固、封护

续表2-2

序号	器物名称	器物编号	显微结构图片	检测结果	处理意见
13	青白釉划花碗	M23:3	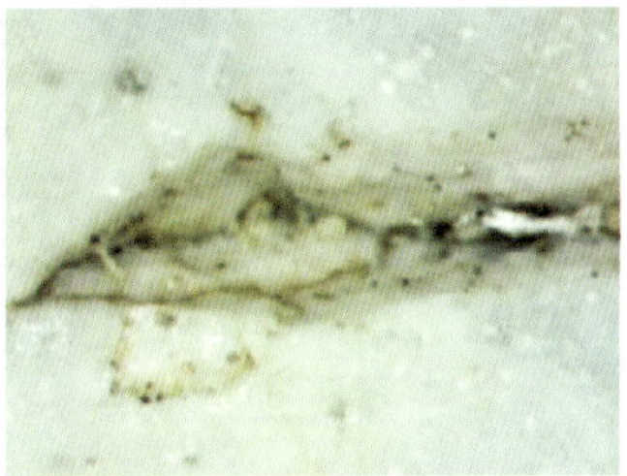	胎质疏松，胎釉结合不紧密	先用化学清除法清洗，再用Paraloid B-72进行加固、封护
14	钧窑月白釉碗	T3⑤:36		胎质疏松，胎釉结合不紧密	先用化学清除法清洗，再用Paraloid B-72进行加固、封护
15	定窑白釉印花盘	H8:32		胎质致密，胎釉结合紧密	采用化学清除法和物理清除法进行清洗
16	湖田窑青白釉碗	H8:33		胎质疏松，胎釉结合不紧密	先用化学清除法清洗，再用Paraloid B-72进行加固、封护

续表2-2

序号	器物名称	器物编号	显微结构图片	检测结果	处理意见
17	白釉划花碗	T1⑤:48	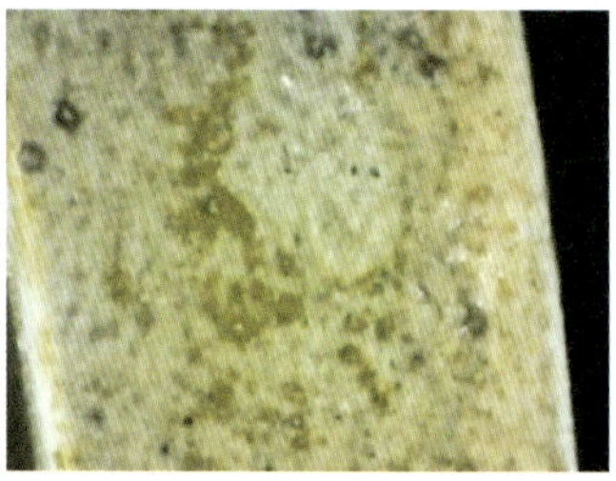	胎质疏松，胎釉结合不紧密	先用化学清除法清洗，后用Paraloid B-72进行加固、封护
18	黑釉剪纸贴花盏	T4⑥:48	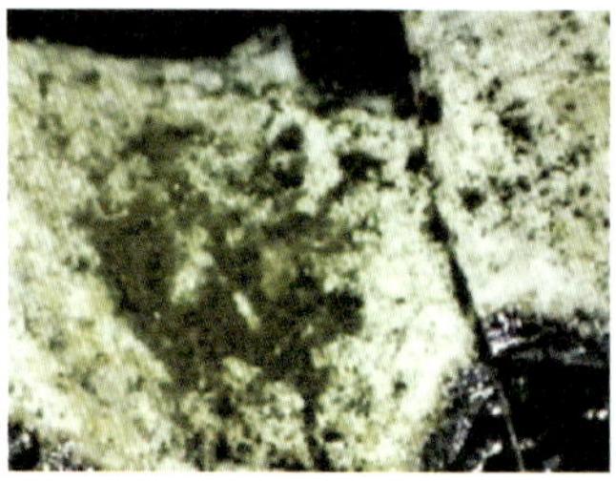	胎质疏松，胎釉结合不紧密	先用化学清除法清洗，再用Paraloid B-72进行加固、封护
19	青釉四系盘口壶	M104:1		胎质疏松，胎釉结合不紧密	先用化学清除法清洗，再用Paraloid B-72进行加固、封护
20	白釉碗	M190:2	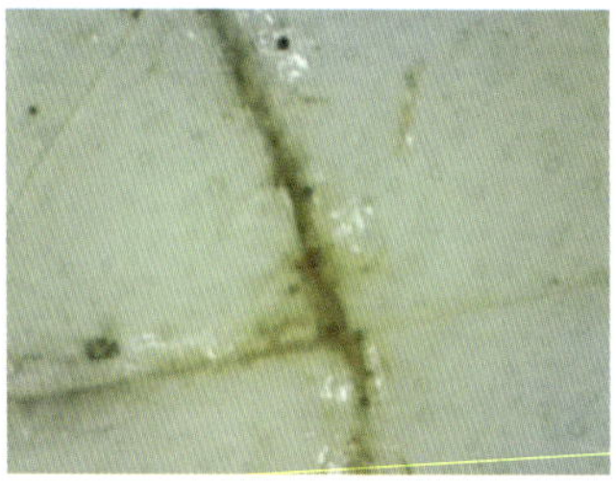	胎质较致密，胎釉结较紧密	采用化学清除法和物理清除法进行清洗

续表2-2

序号	器物名称	器物编号	显微结构图片	检测结果	处理意见
21	磁州窑 白地黑花 折枝莲纹瓷枕	M245:3		胎质疏松，胎釉结合不紧密	先用化学清除法清洗，再用Paraloid B-72进行加固、封护
22	长沙窑褐彩 双系执壶	M35:2		胎质疏松，胎釉结合不紧密	先用化学清除法清洗，再用Paraloid B-72进行加固、封护
23	白釉碗	M89:3	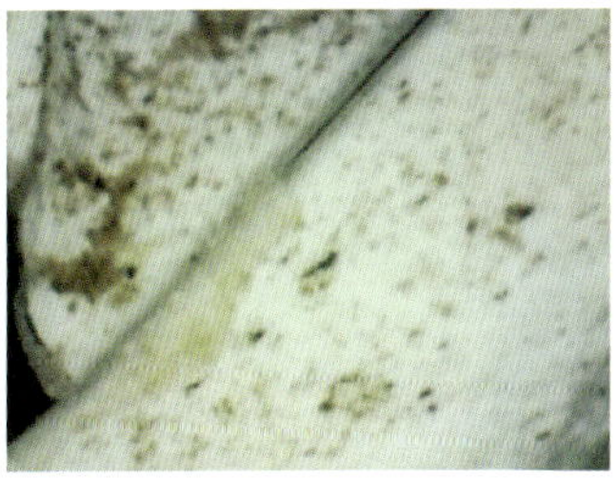	胎质疏松，胎釉结合不紧密	先用化学清除法清洗，再用Paraloid B-72进行加固、封护
24	青瓷碗	M3:1		胎质疏松，胎釉结合不紧密	先用化学清除法清洗，再用Paraloid B-72进行加固、封护

续表2-2

序号	器物名称	器物编号	显微结构图片	检测结果	处理意见
25	青瓷碗	M3:2		胎质疏松，胎釉结合不紧密	先用化学清除法清洗，再用Paraloid B-72进行加固、封护
26	青瓷高足碗	M2:1		胎质疏松，胎釉结合不紧密	先用化学清除法清洗，再用Paraloid B-72进行加固、封护

二、X射线荧光光谱(XRF)检测分析

使用X射线荧光光谱仪检测部分器物的胎、釉、彩和附着物的成分，以确定其釉色组成以及是否含有可溶性盐，以选择适宜的附着物清除方法。

(1) 检测对象：选取霁蓝釉碗、青白釉划花碗、长沙窑青釉执壶等14件(套)样品。

(2) 检测仪器：尼通(Niton)XL3t950型X射线荧光光谱仪。

(3) 检测时间：2019年5月28日。

(4) 检测结果与处理意见：详见表2-3。

表 2-3　部分瓷器表面 XRF 荧光光谱检测结果及处理方法

器物名称（编号）		霁蓝釉碗（M112:3）							
XRF 检测分析图	样品外侧	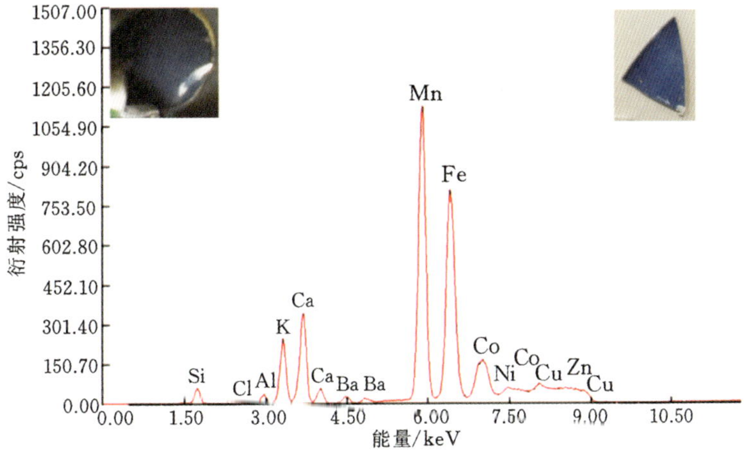							
	样品内侧	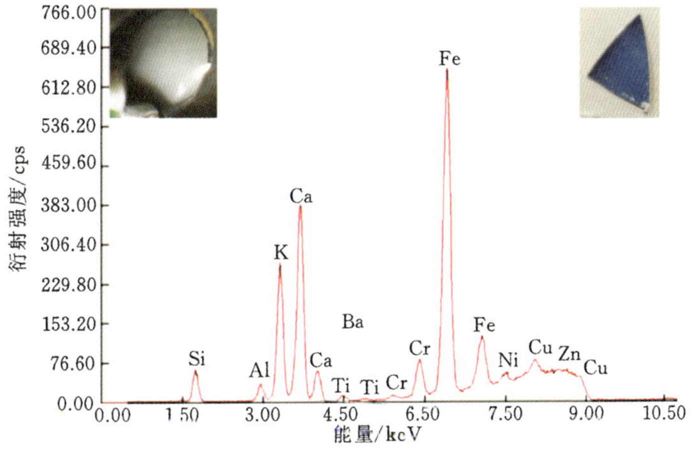							
XRF 检测分析结果/%	样品外侧	Al_2O_3	SiO_2	Fe_2O_3	TiO_2	MgO	CaO	MnO	K_2O
		6.942	76.124	1.048	—	—	3.644	2.037	4.216
	样品内侧	Al_2O_3	SiO_2	Fe_2O_3	TiO_2	MgO	CaO	MnO	K_2O
		8.168	76.815	0.846	0.030	—	3.219	0.099	3.733
处理意见		检测结果显示，器物为高温碱釉，质地较为致密，可进行超声波清理							

续表2-3

<table>
<tr><td>器物名称(编号)</td><td>青白釉划花碗(M23:3)</td></tr>
<tr><td>XRF检测
分析图</td><td>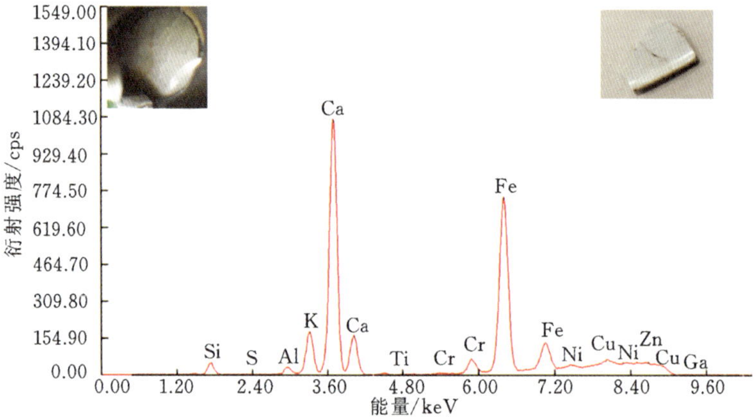
</td></tr>
<tr><td>XRF检测
分析结果
/%</td><td><table>
<tr><td>Al_2O_3</td><td>SiO_2</td><td>Fe_2O_3</td><td>TiO_2</td><td>MgO</td><td>CaO</td><td>MnO</td><td>K_2O</td></tr>
<tr><td>7.161</td><td>71.598</td><td>0.978</td><td>0.018</td><td>—</td><td>9.288</td><td>0.058</td><td>2.496</td></tr>
</table></td></tr>
<tr><td>处理意见</td><td>检测结果显示,器物为高温碱釉,质地较为致密,可进行超声波清理</td></tr>
<tr><td>器物名称(编号)</td><td>长沙窑青釉执壶(M196:1)</td></tr>
<tr><td>XRF检测
分析图</td><td>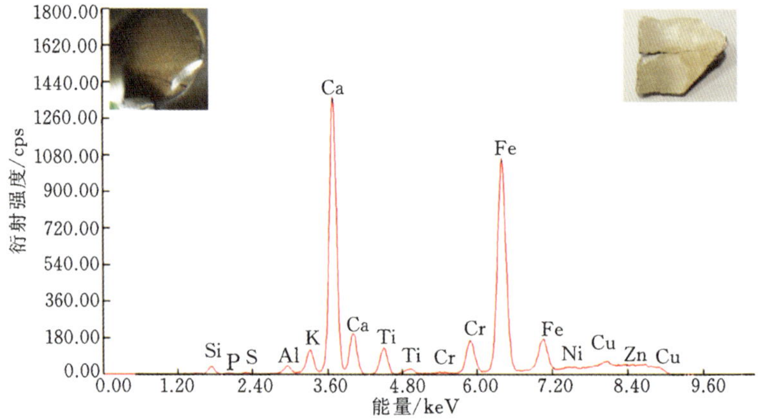
</td></tr>
<tr><td>XRF检测
分析结果
/%</td><td><table>
<tr><td>Al_2O_3</td><td>SiO_2</td><td>Fe_2O_3</td><td>TiO_2</td><td>MgO</td><td>CaO</td><td>MnO</td><td>K_2O</td></tr>
<tr><td>6.244</td><td>57.425</td><td>1.794</td><td>0.688</td><td>—</td><td>13.750</td><td>0.292</td><td>1.829</td></tr>
</table></td></tr>
<tr><td>处理意见</td><td>检测结果显示,器物质地较为疏松,如需脱盐,需采取静置脱盐法脱盐</td></tr>
</table>

续表2-3

<table>
<tr><td colspan="2">器物名称（编号）</td><td colspan="8">长沙窑酱釉执壶（M199:2）</td></tr>
<tr><td rowspan="2">XRF检测分析图</td><td>样品外侧</td><td colspan="8">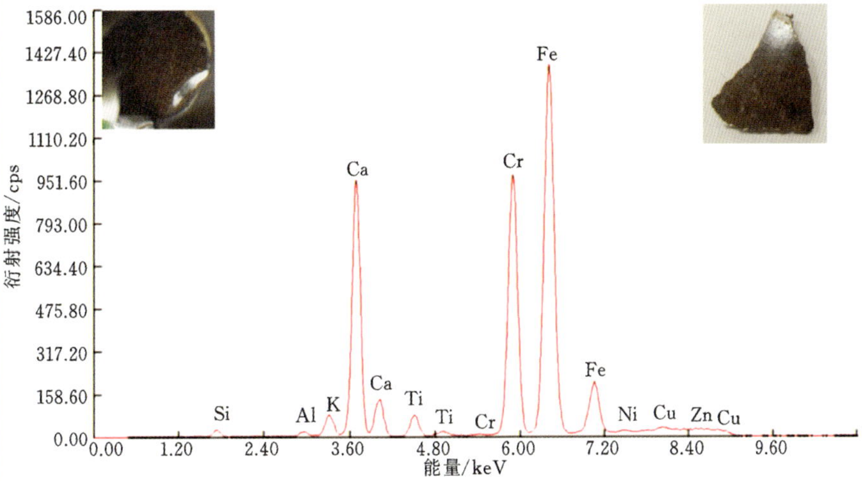
</td></tr>
<tr><td>样品内侧</td><td colspan="8">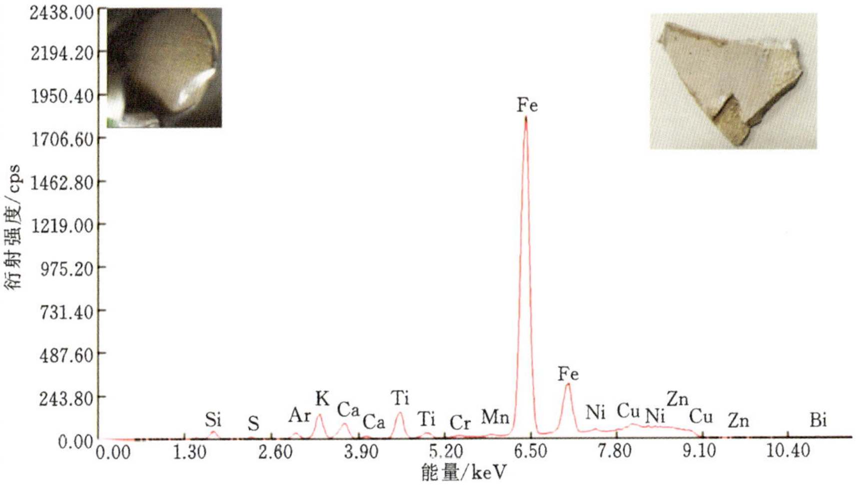
</td></tr>
<tr><td rowspan="4">XRF检测分析结果/%</td><td rowspan="2">样品外侧</td><td>Al_2O_3</td><td>SiO_2</td><td>Fe_2O_3</td><td>TiO_2</td><td>MgO</td><td>CaO</td><td>MnO</td><td>K_2O</td></tr>
<tr><td>7.852</td><td>63.875</td><td>3.762</td><td>0.653</td><td>2.736</td><td>14.848</td><td>3.158</td><td>1.978</td></tr>
<tr><td rowspan="2">样品内侧</td><td>Al_2O_3</td><td>SiO_2</td><td>Fe_2O_3</td><td>TiO_2</td><td>MgO</td><td>CaO</td><td>MnO</td><td>K_2O</td></tr>
<tr><td>15.170</td><td>67.226</td><td>2.834</td><td>0.718</td><td>0.850</td><td>0.762</td><td>—</td><td>2.332</td></tr>
<tr><td colspan="2">处理意见</td><td colspan="8">检测结果显示，器物质地较为疏松，如需脱盐，需采取静置脱盐法脱盐</td></tr>
</table>

续表2-3

<table>
<tr><td colspan="2">器物名称(编号)</td><td>湖田窑青白釉印花碗(M112:1)</td></tr>
<tr><td rowspan="2">XRF检测分析图</td><td>大片样品</td><td>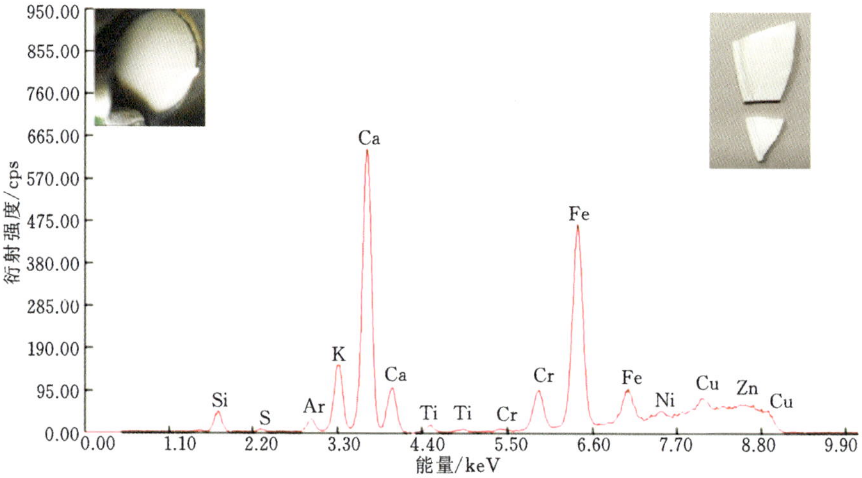
</td></tr>
<tr><td>小片样品</td><td>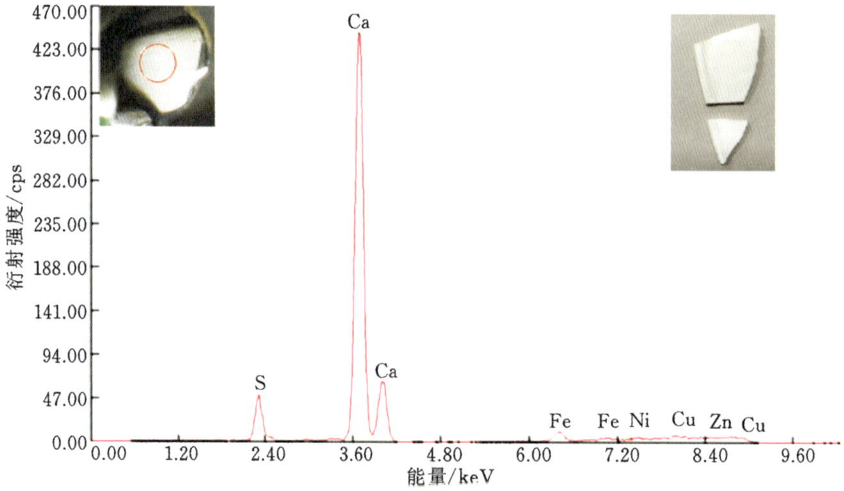
</td></tr>
<tr><td rowspan="2">XRF检测分析结果/%</td><td>大片样品</td><td>

Al_2O_3	SiO_2	Fe_2O_3	TiO_2	MgO	CaO	MnO	K_2O
13.773	77.701	0.503	0.056	1.846	6.073	0.257	2.429

</td></tr>
<tr><td>小片样品</td><td>

Al_2O_3	SiO_2	Fe_2O_3	TiO_2	MgO	CaO	MnO	K_2O
—	3.841	0.049	—	—	23.245	—	0.140

</td></tr>
<tr><td colspan="2">处理意见</td><td>检测结果显示,器物表面可能存在沉积物,需进一步进行检测</td></tr>
</table>

续表2-3

<table>
<tr><td colspan="2">器物名称(编号)</td><td>青白釉刻划花碗(M21:3)</td></tr>
<tr><td rowspan="2">XRF检测分析图</td><td>样品外侧</td><td>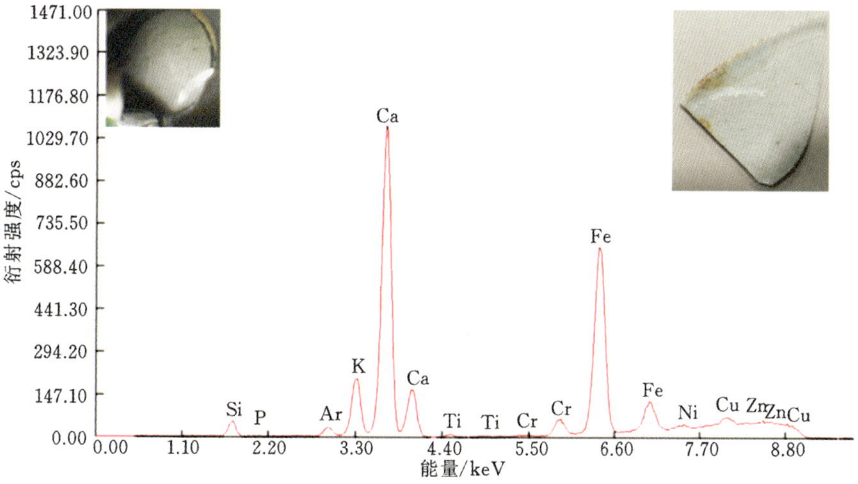
</td></tr>
<tr><td>样品内侧</td><td>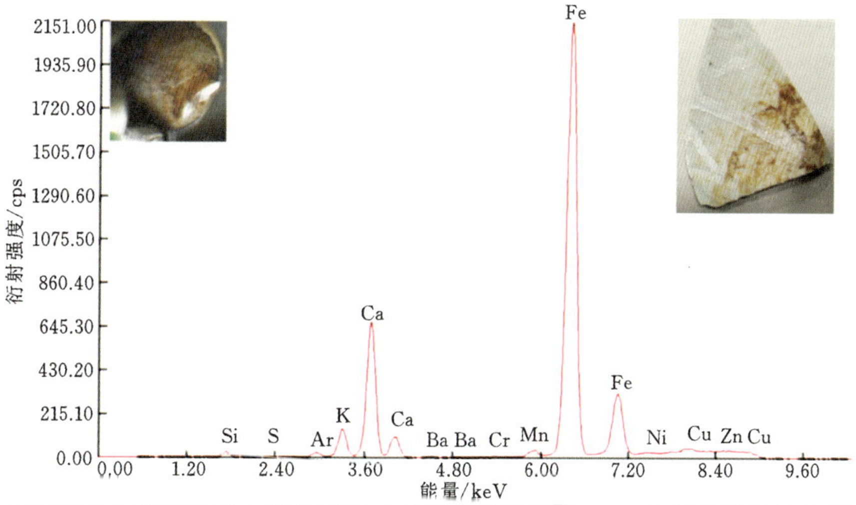
</td></tr>
<tr><td rowspan="2">XRF检测分析结果/%</td><td>样品外侧</td><td>

Al_2O_3	SiO_2	Fe_2O_3	TiO_2	MgO	CaO	MnO	K_2O
8.936	81.825	0.928	0.027	—	9.328	0.072	2.871

</td></tr>
<tr><td>样品内侧</td><td>

Al_2O_3	SiO_2	Fe_2O_3	TiO_2	MgO	CaO	MnO	K_2O
4.395	49.639	3.798	0.016	—	8.355	0.056	2.694

</td></tr>
<tr><td colspan="2">处理意见</td><td>检测结果显示,器物表面可能存在较为致密的铁盐,需进一步进行检测</td></tr>
</table>

续表2-3

<table>
<tr><td colspan="2">器物名称(编号)</td><td>青白釉刻划花斗笠碗(M22:2)</td></tr>
<tr><td rowspan="2">XRF检测分析图</td><td>样品白色釉层</td><td>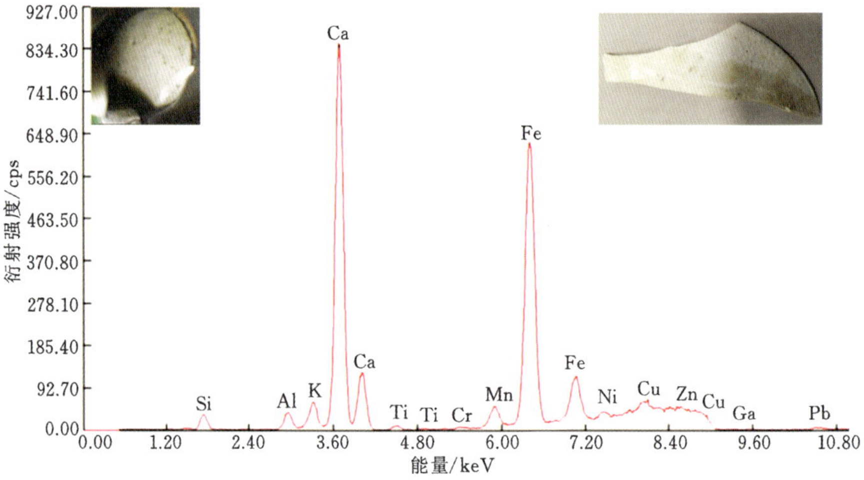
</td></tr>
<tr><td>样品污染物部位</td><td>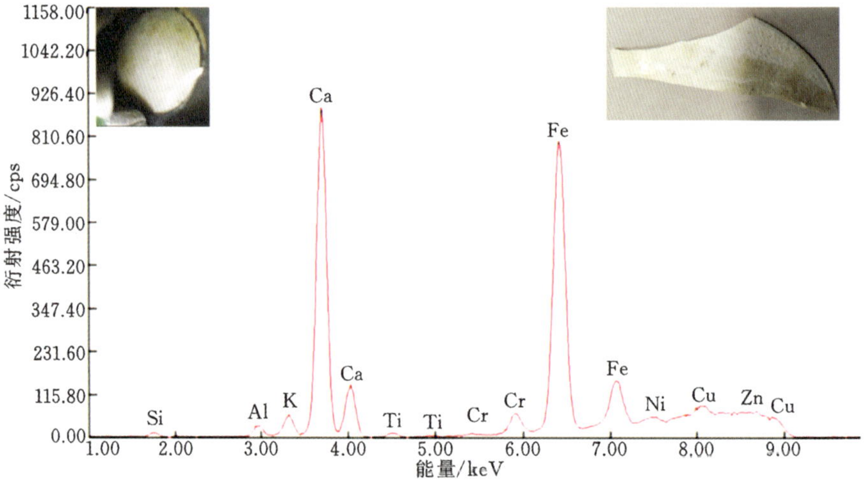
</td></tr>
<tr><td rowspan="2">XRF检测分析结果/%</td><td>样品白色釉层</td><td>

Al_2O_3	SiO_2	Fe_2O_3	TiO_2	MgO	CaO	MnO	K_2O
9.971	71.021	1.083	0.051	—	9.350	0.049	0.993

</td></tr>
<tr><td>样品污染物部位</td><td>

Al_2O_3	SiO_2	Fe_2O_3	TiO_2	MgO	CaO	MnO	K_2O
1.651	20.917	1.069	0.035	—	7.314	0.060	0.763

</td></tr>
<tr><td colspan="2">处理意见</td><td>检测结果显示,器物可能存在脱釉或者釉层磨损现象,后续处理过程中需注意釉层的加固</td></tr>
</table>

续表2-3

<table>
<tr><td colspan="2">器物名称(编号)</td><td>钧窑月白釉碗(T3⑤:36)</td></tr>
<tr><td rowspan="2">XRF检测分析图</td><td>样品外侧</td><td>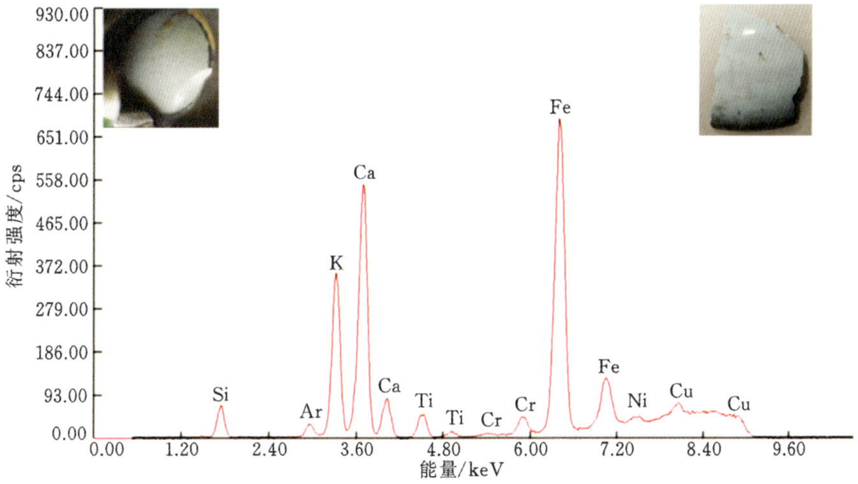
</td></tr>
<tr><td>样品内侧</td><td>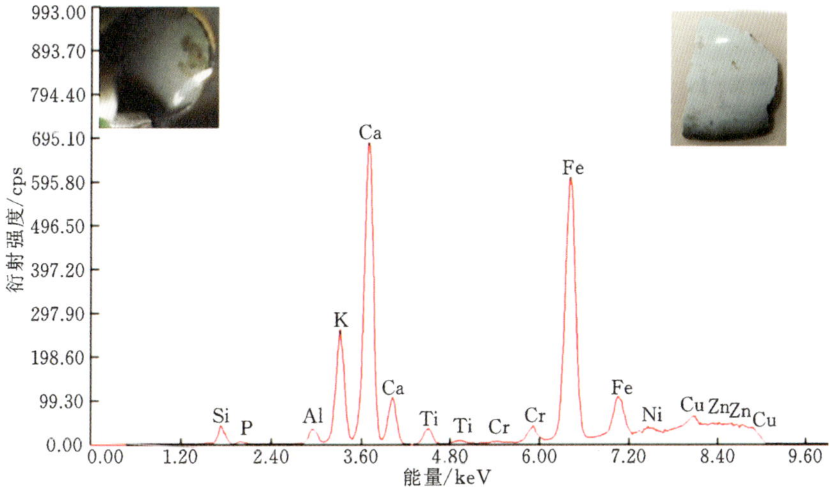
</td></tr>
<tr><td rowspan="2">XRF检测分析结果/%</td><td>样品外侧</td><td><table><tr><td>Al_2O_3</td><td>SiO_2</td><td>Fe_2O_3</td><td>TiO_2</td><td>MgO</td><td>CaO</td><td>MnO</td><td>K_2O</td></tr><tr><td>7.344</td><td>81.858</td><td>1.066</td><td>0.258</td><td>0.994</td><td>5.504</td><td>0.056</td><td>5.767</td></tr></table></td></tr>
<tr><td>样品内侧</td><td><table><tr><td>Al_2O_3</td><td>SiO_2</td><td>Fe_2O_3</td><td>TiO_2</td><td>MgO</td><td>CaO</td><td>MnO</td><td>K_2O</td></tr><tr><td>4.609</td><td>73.179</td><td>1.114</td><td>0.207</td><td>1.150</td><td>8.311</td><td>0.084</td><td>4.728</td></tr></table></td></tr>
<tr><td colspan="2">处理意见</td><td>检测结果显示,器物较为致密,可进行超声波清理</td></tr>
</table>

续表2-3

<table>
<tr><td colspan="2">器物名称(编号)</td><td colspan="8">黑釉剪纸贴花盏(T4⑥:48)</td></tr>
<tr><td rowspan="2">XRF检测分析图</td><td>样品外侧</td><td colspan="8">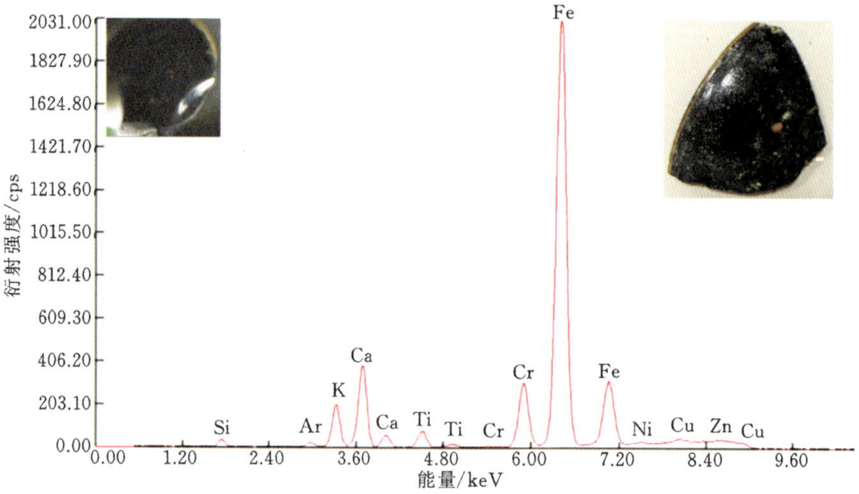
</td></tr>
<tr><td>样品内侧</td><td colspan="8">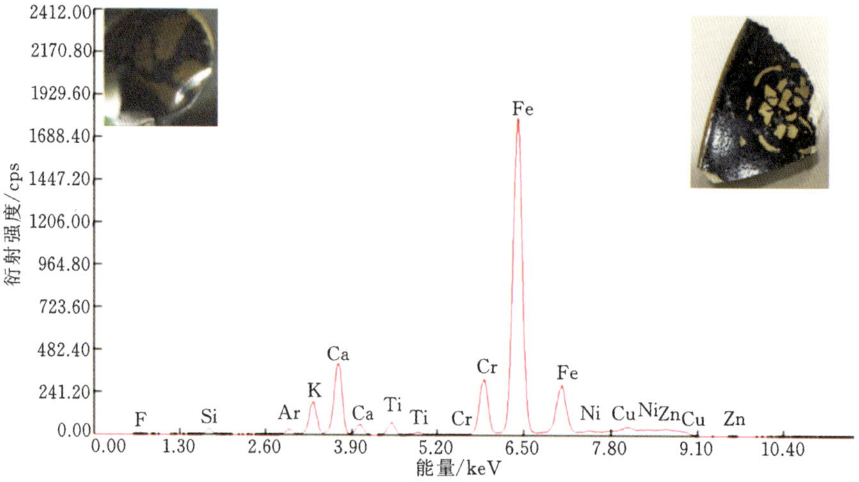
</td></tr>
<tr><td rowspan="4">XRF检测分析结果/%</td><td rowspan="2">样品外侧</td><td>Al_2O_3</td><td>SiO_2</td><td>Fe_2O_3</td><td>TiO_2</td><td>MgO</td><td>CaO</td><td>MnO</td><td>K_2O</td></tr>
<tr><td>7.976</td><td>76.460</td><td>4.304</td><td>0.556</td><td>1.149</td><td>5.418</td><td>0.759</td><td>4.524</td></tr>
<tr><td rowspan="2">样品内侧</td><td>Al_2O_3</td><td>SiO_2</td><td>Fe_2O_3</td><td>TiO_2</td><td>MgO</td><td>CaO</td><td>MnO</td><td>K_2O</td></tr>
<tr><td>4.902</td><td>65.908</td><td>3.724</td><td>0.435</td><td>1.504</td><td>5.483</td><td>0.766</td><td>4.147</td></tr>
<tr><td colspan="2">处理意见</td><td colspan="8">检测结果显示,器物较为致密,可进行超声波清理</td></tr>
</table>

续表2-3

<table>
<tr><td colspan="2">器物名称（编号）</td><td>白釉划花碗（T1⑤:48）</td></tr>
<tr><td rowspan="2">XRF检测分析图</td><td>样品表面</td><td>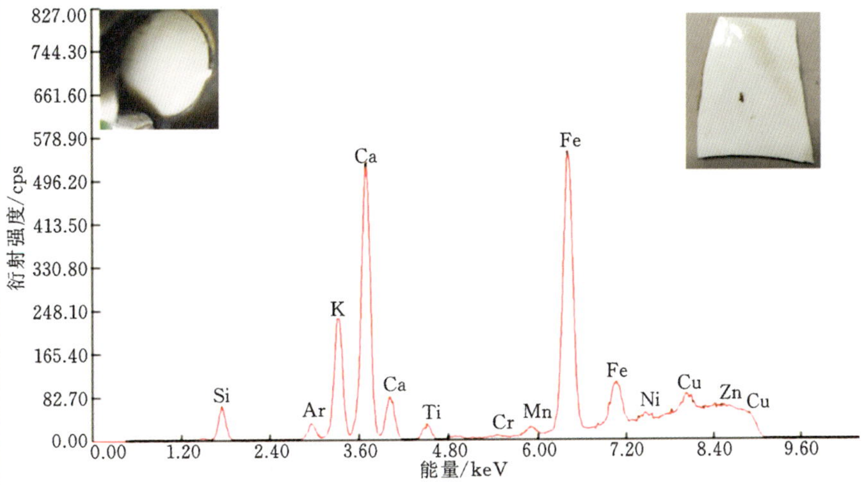
</td></tr>
<tr><td>样品黄色裂纹处</td><td>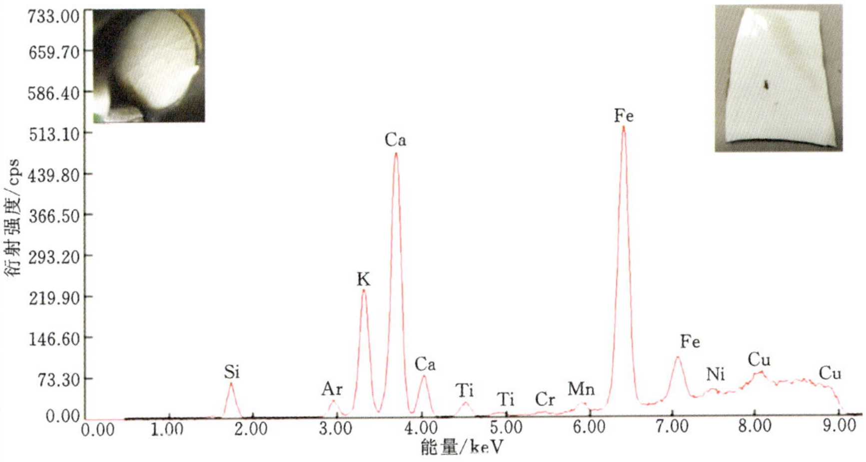
</td></tr>
<tr><td rowspan="2">XRF检测分析结果/%</td><td>样品外侧</td><td><table><tr><td>Al_2O_3</td><td>SiO_2</td><td>Fe_2O_3</td><td>TiO_2</td><td>MgO</td><td>CaO</td><td>MnO</td><td>K_2O</td></tr><tr><td>9.842</td><td>81.472</td><td>0.707</td><td>0.104</td><td>0.859</td><td>4.621</td><td>—</td><td>3.407</td></tr></table></td></tr>
<tr><td>样品内侧</td><td><table><tr><td>Al_2O_3</td><td>SiO_2</td><td>Fe_2O_3</td><td>TiO_2</td><td>MgO</td><td>CaO</td><td>MnO</td><td>K_2O</td></tr><tr><td>9.497</td><td>80.102</td><td>0.717</td><td>0.099</td><td>1.417</td><td>4.510</td><td>—</td><td>3.578</td></tr></table></td></tr>
<tr><td colspan="2">处理意见</td><td>检测结果显示，器物较为致密，可进行超声波清理</td></tr>
</table>

续表2-3

<table>
<tr><td colspan="2">器物名称(编号)</td><td>白釉碗(M89:3)</td></tr>
<tr><td rowspan="2">XRF检测分析图</td><td>样品外侧</td><td>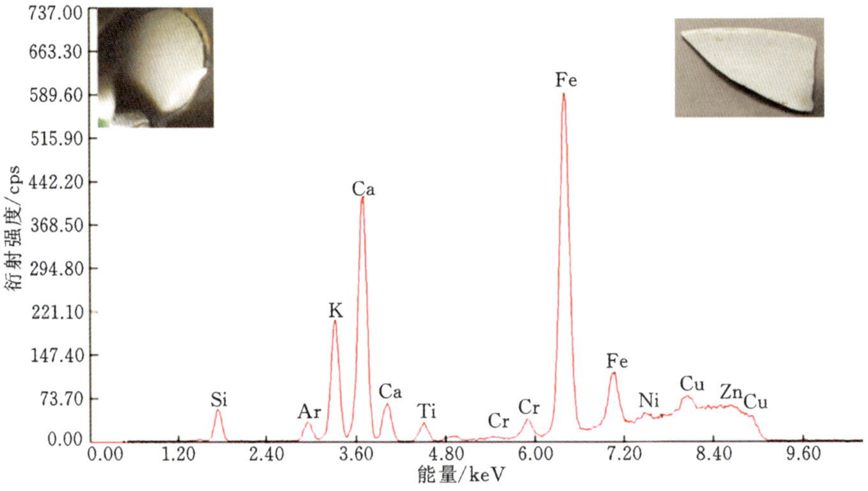
</td></tr>
<tr><td>样品内侧</td><td>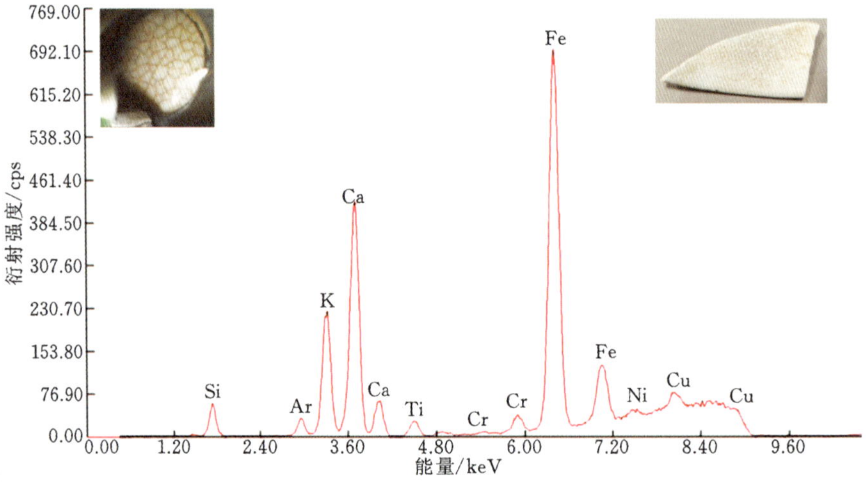
</td></tr>
<tr><td rowspan="2">XRF检测分析结果/%</td><td>样品外侧</td><td><table><tr><td>Al_2O_3</td><td>SiO_2</td><td>Fe_2O_3</td><td>TiO_2</td><td>MgO</td><td>CaO</td><td>MnO</td><td>K_2O</td></tr><tr><td>8.633</td><td>78.976</td><td>0.762</td><td>0.101</td><td>1.125</td><td>3.899</td><td>0.026</td><td>3.171</td></tr></table></td></tr>
<tr><td>样品内侧</td><td><table><tr><td>Al_2O_3</td><td>SiO_2</td><td>Fe_2O_3</td><td>TiO_2</td><td>MgO</td><td>CaO</td><td>MnO</td><td>K_2O</td></tr><tr><td>9.160</td><td>81.651</td><td>0.912</td><td>0.099</td><td>1.774</td><td>3.742</td><td>0.023</td><td>3.372</td></tr></table></td></tr>
<tr><td colspan="2">处理意见</td><td>检测结果显示,器物较为致密,可进行超声波清理</td></tr>
</table>

续表2-3

器物名称（编号）	青白釉刻划花碗（M20：2）
XRF检测分析图	见下图

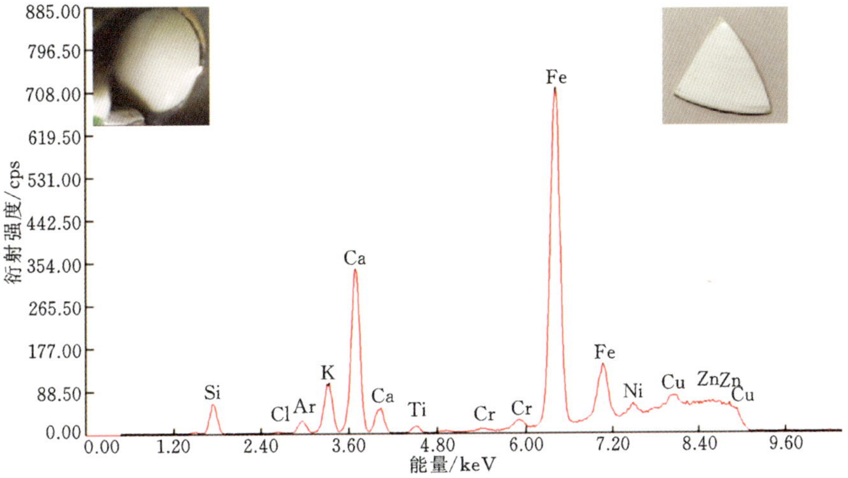

XRF检测分析结果/%

Al_2O_3	SiO_2	Fe_2O_3	TiO_2	MgO	CaO	MnO	K_2O
10.388	80.358	0.865	0.042	0.673	2.757	—	1.445

处理意见	检测结果显示，器物较为致密，可进行超声波清理
器物名称	青釉莲花纹盘（T1）
XRF检测分析图	见下图

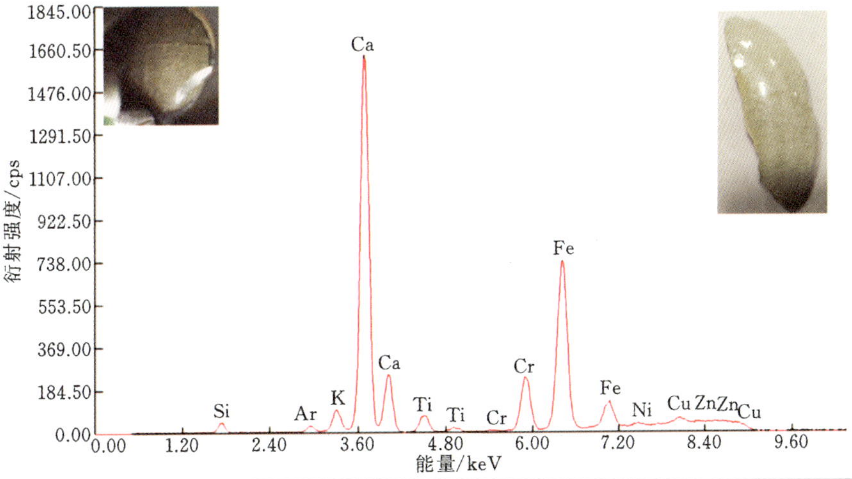

XRF检测分析结果/%

Al_2O_3	SiO_2	Fe_2O_3	TiO_2	MgO	CaO	MnO	K_2O
7.946	69.937	1.238	0.427	2.375	17.042	0.474	1.521

处理意见	检测结果显示，器物釉层中氧化钙含量偏高，需进一步进行检测分析

续表2-3

<table>
<tr><td>器物名称(编号)</td><td>青釉四系盘口壶(M104:1)</td></tr>
<tr><td>XRF 检测分析图</td><td>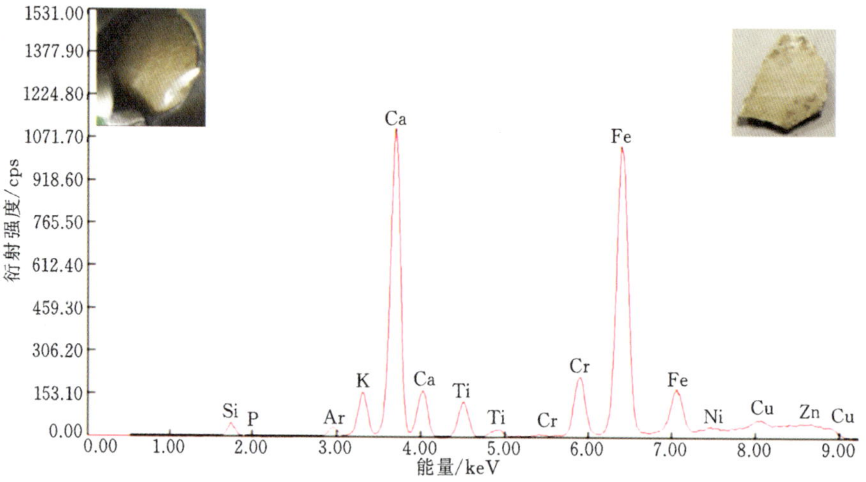
</td></tr>
<tr><td>XRF 检测分析结果/%</td><td>
<table>
<tr><td>Al_2O_3</td><td>SiO_2</td><td>Fe_2O_3</td><td>TiO_2</td><td>MgO</td><td>CaO</td><td>MnO</td><td>K_2O</td></tr>
<tr><td>8.243</td><td>63.968</td><td>1.595</td><td>0.619</td><td>2.313</td><td>10.748</td><td>0.383</td><td>2.465</td></tr>
</table>
</td></tr>
<tr><td>处理意见</td><td>检测结果显示,器物釉层中氧化钙含量偏高,需进一步进行检测分析</td></tr>
</table>

三、离子色谱检测分析

部分瓷器在出土时表面有大量附着物及内装物，通过取样对其成分进行检测分析，选择适宜的方法去除表面附着物 。

(1) 检测对象：选取长沙窑青釉绿彩执壶、鲁山窑黑釉白彩执壶等 19 件(套)样品。

(2) 检测仪器：赛默飞世尔科技(Thermo Fisher Scientific)Dionex Aquion 型离子色谱仪。

(3) 检测时间：2019 年 6 月 10 日

(4) 检测结果与处理意见：离子色谱检测数据见表 2-4，检测结果与处理意见见表 2-5。

表 2-4　离子色谱检测数据

序号	器物名称	器物编号	离子含量/(mg/L)			
			氟离子	氯离子	硫酸根离子	硝酸根离子
1	长沙窑青釉绿彩执壶	M14:2	—	41.62	—	—
2	鲁山窑黑釉白彩执壶	M47:1	—	46.34	22.46	20.28
3	鲁山窑黑釉白彩执壶	M47:2	—	48.56	—	34.28
4	长沙窑青釉绿彩执壶	M48:1	—	47.77	29.36	30.01
5	长沙窑青釉执壶	M196:1	—	40.26	—	32.28
6	长沙窑青釉双系壶	M198:2	—	44.73	20.23	—
7	长沙窑青釉执壶	M194:1	—	28.56	12.76	20.15
8	长沙窑酱釉执壶	M199:2	—	42.26	—	—
9	霁蓝釉碗	M112:3	—	45.73	—	—
10	青白釉刻划花碗	M21:3	—	34.28	—	33.23
11	青白釉刻划花斗笠碗	M22:2	—	47.56	—	26.07
12	定窑白釉印花盘	H8:32	—	44.14	—	—
13	白釉划花碗	T1⑤:48	-	40.26	—	31.76
14	黑釉剪纸贴花盏	T4⑥:48	—	23.11	—	—
15	青釉四系盘口壶	M104:1	—	35.46	—	—
16	白釉碗	M190:2	—	27.85	15.38	25.13
17	白釉碗	M89:3	—	32.68	—	—
18	青瓷碗	M3:1	—	43.79	—	—
19	青瓷高足碗	M2:1	—	31.65	—	—

表 2-5　离子色谱检测结果与处理意见

序号	器物名称	器物编号	检测结果	处理意见
1	长沙窑青釉绿彩执壶	M14:2	存在可溶性盐	需进行脱盐处理
2	鲁山窑黑釉白彩执壶	M47:1	存在可溶性盐	需进行脱盐处理
3	鲁山窑黑釉白彩执壶	M47:2	存在可溶性盐	需进行脱盐处理
4	长沙窑青釉绿彩执壶	M48:1	存在可溶性盐	需进行脱盐处理
5	长沙窑青釉执壶	M196:1	存在可溶性盐	需进行脱盐处理
6	长沙窑青釉双系壶	M198:2	存在可溶性盐	需进行脱盐处理
7	长沙窑青釉执壶	M194:1	存在可溶性盐	需进行脱盐处理
8	长沙窑酱釉执壶	M199:2	存在可溶性盐	需进行脱盐处理
9	霁蓝釉碗	M112:3	存在可溶性盐	需进行脱盐处理
10	青白釉刻划花碗	M21:3	存在可溶性盐	需进行脱盐处理
11	青白釉刻划花斗笠碗	M22:2	存在可溶性盐	需进行脱盐处理
12	定窑白釉印花盘	H8:32	存在可溶性盐	需进行脱盐处理
13	白釉划花碗	T1⑤:48	存在可溶性盐	需进行脱盐处理
14	黑釉剪纸贴花盏	T4⑥:48	存在可溶性盐	需进行脱盐处理
15	青釉四系盘口壶	M104:1	存在可溶性盐	需进行脱盐处理
16	白釉碗	M190:2	存在可溶性盐	需进行脱盐处理
17	白釉碗	M89:3	存在可溶性盐	需进行脱盐处理
18	青瓷碗	M3:1	存在可溶性盐	需进行脱盐处理
19	青瓷高足碗	M2:1	存在可溶性盐	需进行脱盐处理

第四节　价值评估

可移动文物是人类在社会活动中遗留下来的具有历史、艺术、科学等价值的遗物[1]。文物保护修复则是通过解析文物本身所留存的信息，尽可能了解器物所处年代的物质及精神生活，以便更好地展示出文物价值。可以说，对文物固有价值的保护与展示是保护修复的最终目的，故对文物价值的评估直接影响着文物保护修复的各个方面。

一、历史价值

本项目中保护修复的器物来源于襄樊市邓城区域、樊城区域和襄城区域的15个墓葬，年代跨度大，包含魏晋南北朝、唐、宋、元、明、清多个朝代。

邓城区域：以邓城古城遗址为中心，包括其北部和南部2千米范围内的区域。这一区域墓葬数量众多，以商周和两汉时期墓葬为主，六朝至隋唐时期墓葬数量也较多，也有少量宋墓。本项目中邓城区域墓葬出土的瓷器中，除了黄家村墓地有2件(套)清代墓葬出土器物及1件(套)六朝器物外，其余均为唐代墓葬出土器物。并且这16件(套)器物中，仅1件(套)为盘口壶(六朝器物)、4件(套)为碗[2件(套)清代霁蓝釉碗，2件(套)唐代白釉碗]，其余11件(套)均为唐代长沙窑执壶。

图 2-13　杜甫巷墓地 M14

樊城区域：以长虹路为主轴的樊城中心城区，墓葬主要分布在长虹路南段、汉江北岸的冲积地带，以唐墓为主，也有少量东汉至六朝墓葬。本项目中樊城区域墓葬出土的 7 件(套)瓷器均来自杜甫巷墓地(图 2-13)。这 7 件(套)器物均出土于唐代墓葬，且为唐代不同窑口烧造的执壶。

襄城区域：以襄阳城为中心，包括其南部和西部 3 千米范围内的区域。这一区域墓葬主要为唐宋时期墓葬，也有部分秦汉墓。本项目中襄城区域墓葬出土的 37 件(套)器物以宋代器物为主，包括碗、盘、盏、枕等多种器型。

综上可知，本项目保护修复的器物年代主要集中在唐宋两代，器型以碗与执壶为主。同时，这些器物虽然长埋于地下，但无论是唐代执壶还是宋代碗、盘等器物，形态都与日常用器物基本一致，应为随葬品，而非明器。由此，可以看出唐宋时期，襄阳地区存在以实用器作为随葬品的丧葬风俗。

而在这些以墓主人生前实用器为主的随葬品中，又存在不少唐代执壶及宋代碗、盏等茶具。随葬器物中存在的实用器通常为墓主人生前喜好或常用之器，由此可以看出墓主人生前有饮茶的习惯。这与唐代陆羽所书《茶经》及宋代留存至今的《东京梦华录》《荈茗录》《大观茶论》《茶录》等典籍文献所述，唐宋之时饮茶之事蔚然成风的情况可相互印证，为研究唐宋时期襄阳地区人民生活提供了丰富的实物资料。

同时，在这批器物中存在 1 件(套)明代青花花卉纹碗。通过查阅相关考古发掘报告可知，该器物来自于桃花岭墓地的一处明代夫妻异穴合葬墓[2]。根据墓志可知，妻子夏氏为夏纪之女，按墓志时间前推，夏纪应为明嘉靖年间的贡生，任知县

(图 2-14)[3]。而男主人刘鹏的墓志显示，其家族祖上是追随襄阳王定居的襄阳。所以该器物可以为研究明代中上层人民的物质生活提供一定的实物资料。

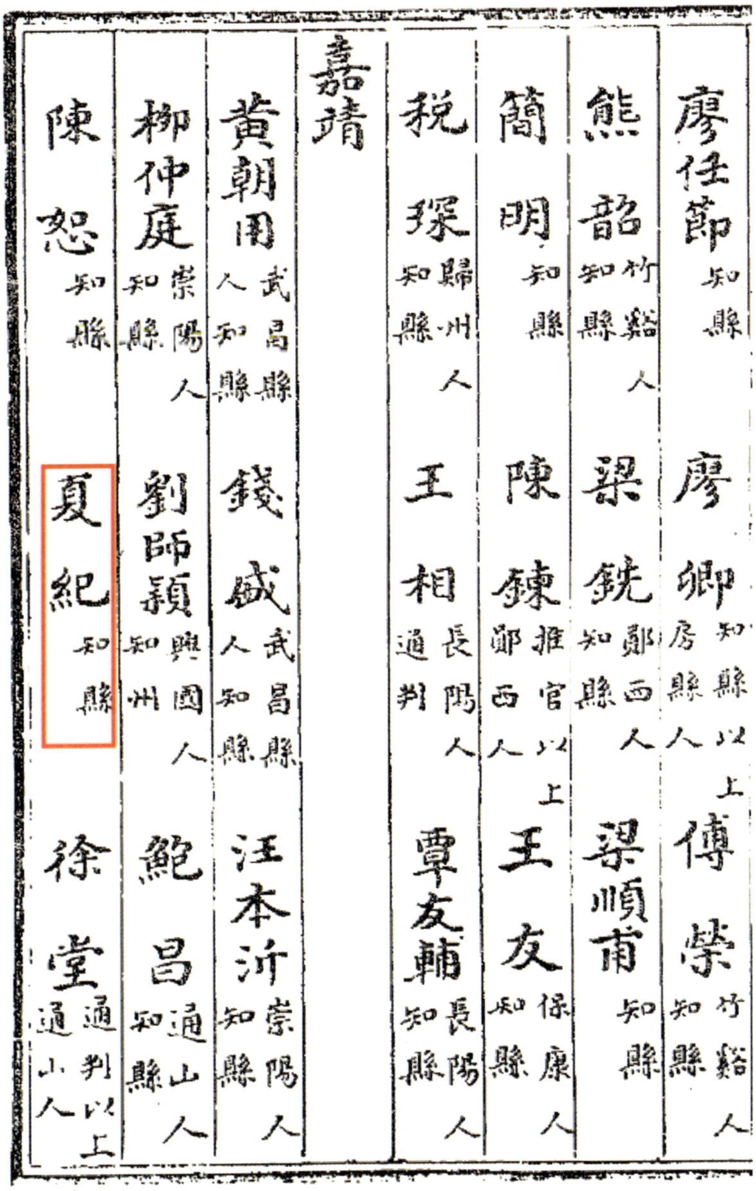

廖任節知縣　廖卿知縣以上房縣人　傅榮竹谿人知縣
熊韶竹谿人知縣　梁銑鄖西人知縣　梁順甫知縣
簡明知縣　陳錬推官以上鄖西人　王友保康人知縣
税琛歸州人知縣　王相長陽人通判　覃友輔長陽人知縣
嘉靖
黃朝用武昌縣人知縣　錢鋮武昌縣人知縣　汪本沂崇陽人知縣
柳仲庭崇陽人知縣　劉師顥興國人知州　鮑昌通山人知縣
陳恕知縣　夏紀知縣　徐堂通判以上通山人

图 2-14　《湖广通志》(卷三十七)节选

二、科学价值

文物的科学价值通常是指通过文物本体信息所了解的古代先民制作文物时所使用的知识与技术，以此了解器物所处年代的科技发展水平。对陶瓷器而言，其科技价值主要涉及两个方面，即制作和装烧。制作工艺通常包含坯釉原料筛选及配比、制坯技术、装饰工艺、上釉方式等多个方面。装烧工艺则为器物进窑烧制时所采用的方法。上述内容在陶瓷器烧成后仍旧有迹可循，只是需要保护修复工作者通过多种手段来进行信息的收集及分析。

通过观察，推测这批器物存在拉坯和印坯模制、拉印结合三种制坯方式。一次性拉坯成形为大部分圆器所用，而印坯模制是早期陶器制作中常用的方式[4]，后来则发展成为制作难以拉坯成形的器物所采用的方式。而宋代中后期拉印结合的方式应是匠人们为了更好统一器形的情况下，降低制作所用时间成本、适应瓷器的批量生产所用[5]。同时，这批器物中的执壶多数应为分段制坯后粘接而成，器物存在明显的接痕(图 2-15)。器物配件(如执壶的执部、流部)，其形状大多并不规整，断裂的流部可以看出有明显的挤压痕迹(图 2-16)。分段制作为琢器常用方法，陶瓷作坊为流水线作业，每个匠人仅负责器物某部分的制作，上釉前再对各部分进行拼接，这种做法提高了制作效率。

图 2-15　存在明显接痕的器物

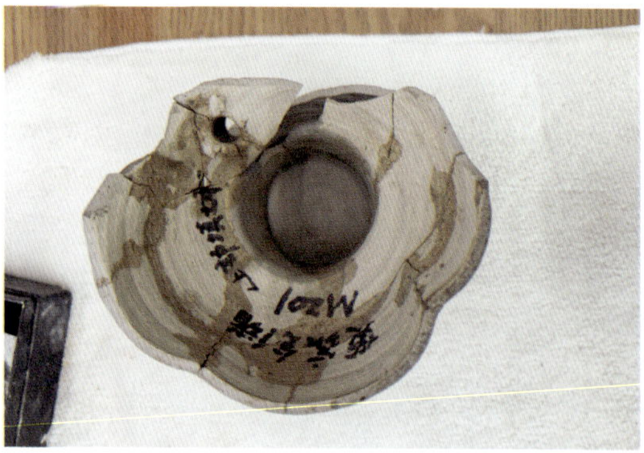

图 2-16　存在挤压痕迹的器物

在装饰工艺上，这批器物存在直接利用坯体造型的装饰方法，如图 2-17 所示宋代湖田窑青白釉碗，该碗为葵口造型，也有在胎体上进行划花、印花的装饰方式，装饰方法多种多样，器物上表现水纹的多条并行的划花纹路间隔一致，这种变形水纹的篦纹，应该是工匠们为了节省时间或使装饰纹路更加美观，制作了专门用于胎装饰使用的划花工具。图 2-18 所示宋代定窑白釉印花盘内部存在印花，很可能是在使用模具进行器形规整的同时，对器物内部进行了印花装饰。

图 2-17　宋代湖田窑青白釉碗

图 2-18　宋代定窑白釉印花盘

在装烧工艺上，观察这批器物发现，部分器物存在芒口(图 2-19)，可能为覆烧，或为了配合器物盖部特意留出；部分器物底部残留的垫圈、支烧痕迹(图 2-20)，应为匣钵仰烧。虽然此批器物为民用瓷器，但是可以看出工匠们在追求烧制成功率的情况下，为了器物美观仍旧有所努力。

图 2-19　存在芒口的器物

图 2-20　存在垫圈痕迹的器物

这批器物中的长沙窑产品主要以辘轳轮制为主，附件和零件（如罐耳、壶鋬、贴花等）则用单模或分模手工捏制而成。在器物造型方面，除了圆器外，还出现了花形器、瓜果形器等（图 2-21），品种繁多，造型丰富。

这批器物中的鲁山窑（全称鲁山段店窑）器物（图 2-22）多为以拉坯的形式完成主体，然后器体的流、耳鋬、足等部分则借助手捏、堆塑等方法粘贴到器体之上，能观察到明显的捏塑痕迹。这种成形方法既能保证器物本身的规整性，又能使装饰部分更加生动形象，具有很强的灵活性。器物施釉方法为浸釉法，浸釉又叫“蘸釉”，这是施釉方法中最基本的一种。它利用坯胎的吸水性原理，将器物的坯体浸入配置好的釉浆中，使坯体表面均匀地吸附釉浆。这种方法虽然简单易操作，但是经常出现施釉不到底、足部露胎的现象。

图 2-21　唐代长沙窑青釉执壶

图 2-22　唐代鲁山窑黑釉白彩执壶

图 2-23　宋代黑釉剪纸贴花盏

这批瓷器里还有 1 件(套)典型的宋代黑釉剪纸贴花盏(图 2-23)。剪纸贴花的装饰方法源于劳动人民的生活，剪纸也是民间的一种文化艺术，把这种艺术嫁接到立体的陶瓷装饰上，使剪纸贴花与釉色出现反差。此盏内壁贴花图案，根据目前已有的资料可知，此种工艺的烧制方法可能为在碗表施黑釉，贴花后再罩一层彩釉，然后揭去剪纸，入窑烧制；还可能为将贴花贴于底釉之上，再上釉后入窑炉，剪纸装饰为图案烧飞后所留黑色印记。由于此盏较为完整，无法从本体判断烧制方法，盏内底部应为模制，无手工拉坯或捏制痕迹。

三、艺术价值

文物的艺术价值主要指文物所展现出的属于器物所处年代的审美意识，这种审美意识是生产力发展到一定程度后被人所认识到的，是精神世界在物质上的集中体现，每个时代的社会因素对它的影响极大[6]。在保护修复前对器物的艺术价值进行评估，既是为了在保护修复中尽量探索器物本身所蕴含的内在精神意识，也是为了在保护修复后能更好地展现其外在美。

这批文物大部分为唐宋时期的瓷器文物，其装饰方法主要有两种，胎装饰和釉装饰。胎装饰指对胎体进行直接造型，或者使用工具在胎上进行刻、划、印、剔、堆、贴、镂、雕、塑等装饰方法；釉装饰则是使用釉料进行装饰的方法。

这批瓷器中存在大量唐代长沙窑及鲁山窑执壶。其中长沙窑执壶大部分采用捏塑、贴塑的方式进行装饰，也有部分绿釉彩装饰。捏塑与贴塑装饰繁复华丽(图 2-24、图 2-25)，而绿釉装饰则简洁明了(图 2-26)。鲁山段店窑执壶外壁施褐釉，然后将粉状的矿物质釉料滴落在器物表面，形成面、点、线、条状的装饰(图 2-27)[7]。

图 2-24　唐长沙窑贴塑装饰器物

图 2-25　唐长沙窑捏塑装饰器物

图 2-26　唐长沙窑绿釉装饰器物

图 2-27　唐鲁山段店窑沥粉装饰器物

而这批器物中的宋代瓷器则采用了刻划花、印花和胎体直接造型的方式，简洁明了地表达了花草、水纹等源于生活的自然题材。刻划花器物的刀法婉转流畅、干净利落(图 2-28)，印花器物则层次丰富(图 2-29)，主体造型采用葵口等植物造型的器物，呈现出秀美、端庄的气质(图 2-30)。

图 2-28　宋代刻划花装饰器物

图 2-29　宋代印花装饰器物

这与宋代统治阶级大力提倡文人士大夫投入绘画有关，这与宋时社会在精神层面始终“讨论以天道性命问题为中心的整个哲学思潮”有关[8]，上层所追求的精神境界，通过文化通道逐层下达，最后深刻影响了商业型民用器物，“内求圆满”“兼容佛道”[9]“简易致用”“寄情花鸟”“淡泊潇洒”[10]，这一系列用以陈述宋代精神、书法、绘画的词汇，亦可用在这批宋代中后期的瓷器装饰上。和谐、不堆砌、造型和纹饰简单洒脱却给人视觉和审美意识上的规整，是这批宋代瓷器胎装饰上最大的特点。

图 2-30　宋代葵口造型器物

第五节　保护修复技术路线

一、方案设计依据

- 《中华人民共和国文物保护法》(2017 年修正本)
- 《中华人民共和国文物保护法实施条例》(2017 年修订)
- 《馆藏文物保存环境质量检测技术规范》(WW/T 0016—2008)
- 《国家重点文物保护专项补助资金管理办法》
- 《可移动文物病害评估技术规程　瓷器类文物》(WW/T 0057—2014)

参考的相关文件如下：

- 《陶质文物彩绘保护修复技术要求》(GB/T 30239—2013)
- 《陶质彩绘文物病害与图示》(WW/T 0021—2010)
- 《陶质彩绘文物保护修复方案编写规范》(WW/T 0022—2010)
- 《陶质彩绘文物保护修复档案记录规范》(WW/T 0023—2010)

二、保护修复原则

本项目本着“保护第一、加强管理、挖掘价值、有效利用、让文物活起来”的文物工作方针，根据《中华人民共和国文物保护法》(2017 年修正本)，在保护文物时，坚持不改变文物原状的原则，最小干预的原则，使用的材料必须符合可再处理的原则，真实性和艺术性相结合的原则，可识别与整体协调相结合的原则；采用先进的技术方法，确保文物保护的科学性和持久性。在保护工作中要防止“保护性”的损害，保护后不留隐患、无副作用，将保护和预防结合起来。

本项目保护修复的工作目标是对这批瓷器文物进行保护修复，使得这批瓷器文物能够达到稳定性、牢固性和可再修复的要求，确保保护修复后的文物可长期保存和陈列展览。

三、技术路线

襄阳市博物馆这 60 件(套)瓷器文物采用的保护修复技术路线见图 2-31。

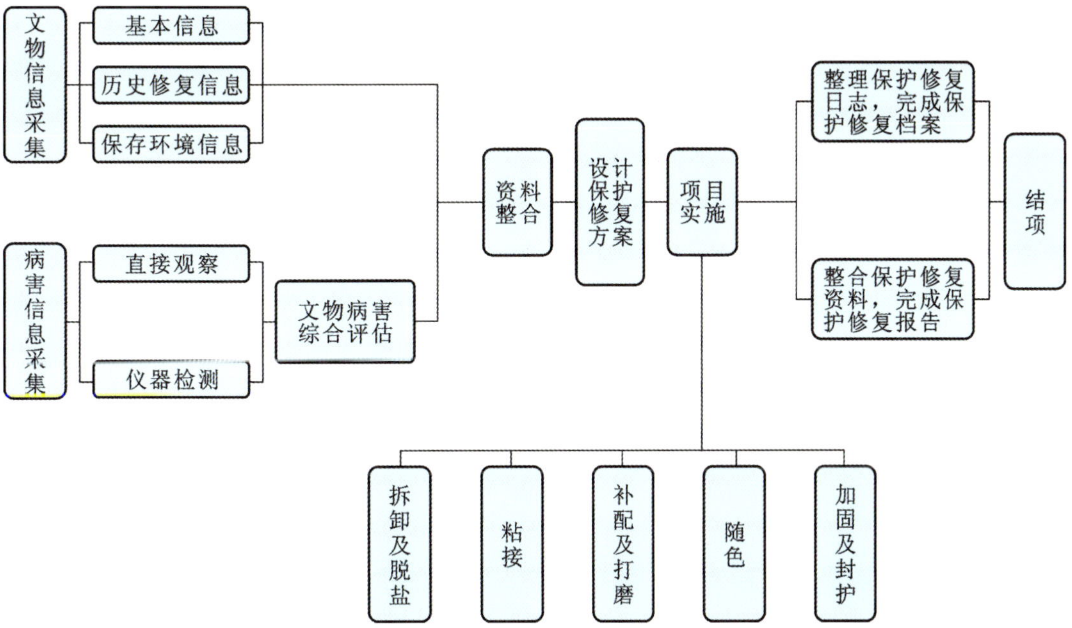

图 2-31　保护修复技术路线

第六节　保护修复实施过程

一、脱盐

这批瓷器采用静置脱盐法脱盐。

主要材料：去离子水。

主要工具：防滑手套、脱盐池、水质检测 TDS 笔。

工作要点：脱盐结束的标准为脱盐池内水中 TDS 值(total dissolved solids，溶解性固体总量)与当地自来水中 TDS 值相当。

(1) 用去离子水浸泡器物，如脱盐时气温较低可采用冷热交替法进行脱盐处理；

(2) 脱盐 24 小时后，测量水中 TDS 值，并进行记录，尔后将脱盐池内水更换为去离子水，再重复步骤(1)；

(3) 重复上述步骤，直至脱盐池内水中 TDS 值与当地自来水相当，脱盐周期一般在 5 周左右；

(4) 脱盐结束后，将器物静置于通风处等待自然干燥或置于烘箱中低温烘干，以备开展后续工作。

二、清洗(拆卸)

清洗的目的是把需保护修复器物表面及断裂部位的各种附着物清理干净，为实施下一步工序创造条件。使用去离子水对器物进行清洗(图 2-32)，对于存在硬结物的器物，可用软毛刷辅助清理。对于存在老化粘接或修复痕迹的器物(图 2-33)，使用环氧树脂溶解液对需清理的老化胶体进行湿敷处理，待老化胶体彻底分解后，用清水将器物冲洗干净，再用无水乙醇进行擦拭，彻底清除残留的环氧树脂溶解液。

图 2-32　清洗器物

图 2-33　存在老化粘接或修复痕迹的器物

三、加固

在器物粘接及补配前使用 3％的 Paraloid B-72乙酸丁酯溶液对其釉面及胎体进行加固处理(图 2-34)。

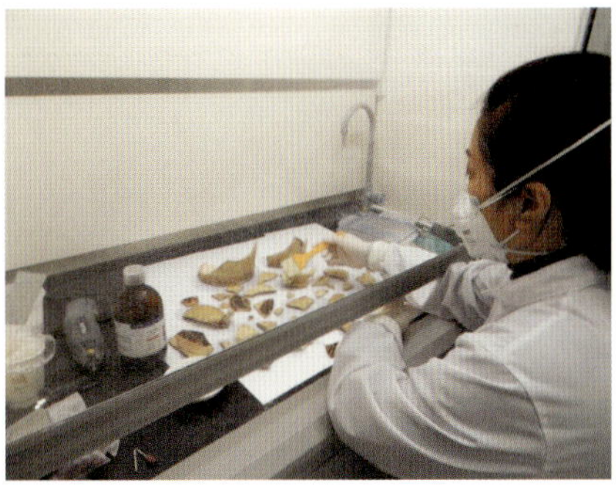

图 2-34　加固

四、粘接

（1）对于需要粘接的器物，可在其断面上涂刷5%的Paraloid B-72乙酸丁酯溶液作为隔离层，以便未来修复材料更新后的器物再处理(图2-35)。

（2）对于破碎较为严重且缺片严重、无法预粘接的器物(图2-36)，可使用爱牢达2020环氧树脂胶按从下至上的顺序，逐片进行粘接处理，每片粘接时使用透明胶带进行位置固定。待胶体完全固化后再将胶带拆开，并用手术刀去除多余残胶。

图2-35　破碎的器物

图2-36　破碎较为严重且缺片的器物

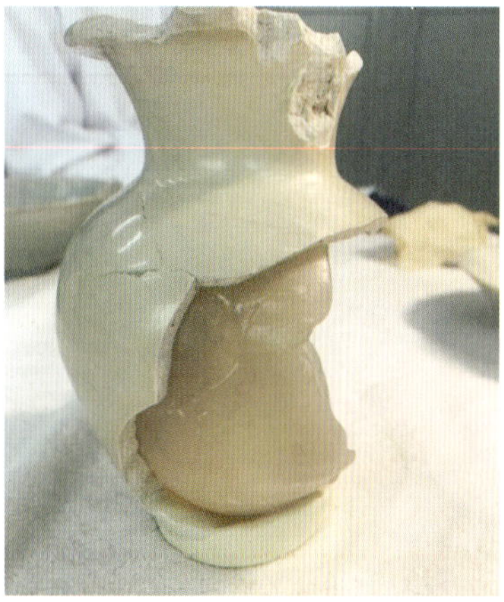

图2-37　自由树脂翻模补配示例

五、补配、打磨、塑形

（1）对于缺损面积较大的器物(图2-37)，可采用红白打样膏翻模的方式进行补配。具体方法为将打样膏浸泡在60～70 ℃热水中直至软化后取出，覆盖于与缺损处相对应的完整面，待其冷却固化后取下，用透明胶带固定在缺损处。选择509环氧树脂胶作为主料、医用滑石粉作为填料，对器物进行补配处理。打样膏与环氧树脂胶之间需用保鲜膜隔离，以防止相互粘接，方便取模。

（2）对于缺损面积较小的器物，可采用自由树脂翻模的方式进行补配，具体方法与红白打样膏翻模基本一致。

（3）对于没有相对应完整面导致无法翻模的器物，可采用直接塑形的方法进行补配（图 2-38）。首先查找资料找到与其同时期、同器形的器物以作参考，用胶泥捏出缺损处大致形状以作“骨架”；然后用 509 环氧树脂胶作为主料、医用滑石粉作为填料，填充缺损处。

图 2-38　直接塑形补配示例（左为缺损器物，右为参考器物）

（4）对已经完全固化的胶体进行打磨。对于缺损面积较小的器物，使用木砂纸进行打磨，木砂纸打磨效率较低但不伤害釉面；对于缺损面积较大的器物，使用金相砂纸打磨，金相砂纸打磨效率高但需注意使用的砂纸目数及打磨范围，可先用目数较低的粗砂纸进行整体塑形，再用目数较高的细砂纸打磨细节部位。

六、随色

(1) 对于残损面积较大的器物，在补配时加入色粉，调制出相近色，以减小后续随色时的干预面积。部分器物使用喷涂法(图 2-39)或笔涂法(图 2-40)采取降一色的方式进行处理。

图 2-39 喷涂法

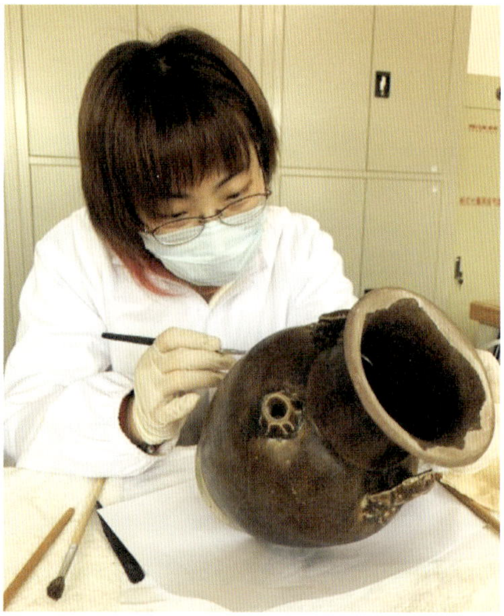

图 2-40 笔涂法

(2) 对于残损面积较小的器物，采用喷涂法与笔涂法联用的随色处理方法，随色材料视修复师习惯，选用硝基漆-矿物颜料或聚氨酯双组份漆料。

七、光泽处理

对部分艺术价值较高、釉面完整度较好的器物，若使用喷涂法对器物进行光泽处理，可选用聚氨酯漆；若使用笔涂法对器物进行光泽处理，可选用硝基漆。具体方法为调制流动性较强的漆料，用喷笔或毛笔对上色面进行均匀喷涂，使其光泽度与本体一致。

八、照片采集

（1）保护修复前需对器物的破损状况及病害细节进行拍照留存。

（2）对于保护修复过程中器物的状况，需及时拍照并留档，以明确保护修复流程或在保护修复未完成时，通过梳理留档照片及时进行技术变更。

（3）保护修复后，需根据器物保护修复前照片的角度，进行器物保护修复后照片的留存，以评估保护修复效果。

九、建立档案

建立档案是文物保护修复后最重要的工作之一，包括文物保护修复前的病害描述、文物保存状况的评估、保护修复材料记录、文物保护修复具体流程的记录，以及文物保护修复效果的相关评价等。

一方面，保护修复档案是当下每件文物保护修复情况的重要存档资料；另一方面，保护修复档案也是保护修复材料革新或修复器物所使用材料老化后拆卸重修时的重要依据。

本项目保护修复的60件(套)瓷器均有明确的墓葬出土信息，对瓷器及相关陪葬品的种类、数量等进行分析研究，可以了解该地区的丧葬习俗、陪葬制度等。

第七节　保护修复重难点及其处理

一、不当修复痕迹的清理

本项目中部分器物存在前期不当修复痕迹(图 2-41)，一是使用渗透性极强的 502 胶对胎釉酥粉的破碎器物进行粘接，产生了很难清除的胶体痕迹；二是破碎器物普遍存在粘接错位情况。

对于第一种情况，需对 502 胶进行清理。502 胶本身易老化变色，而且很难从器物胎体里完全清理干净。处理时，首先用去离子水浸泡器物，以清理器物出土时渗入冲口的 502 胶，浸泡 24 小时后取出，轻轻晃动器物，观察断面上是否残留 502 胶，如有，则使用手术刀轻轻用力清理残胶(图 2-42)。

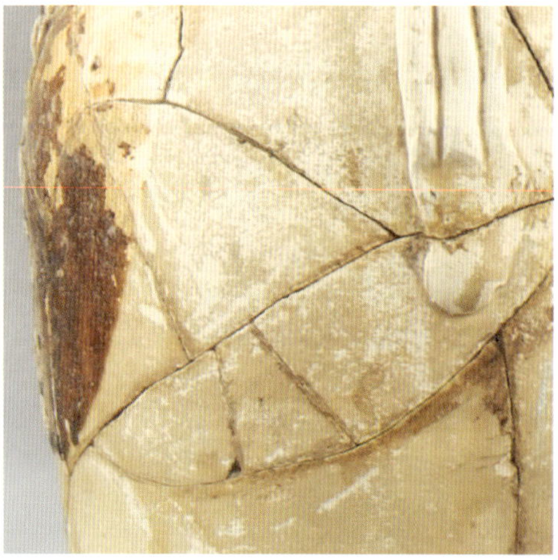

图 2-41　唐代长沙窑青釉双系壶清理前

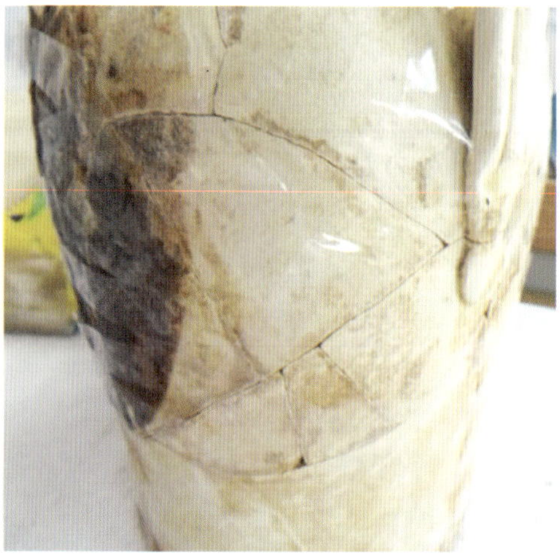

图 2-42　唐代长沙窑青釉双系壶清理后

对于第二种情况(图 2-43)，首先使用环氧树脂溶解液对器物溢胶部分进行湿敷，待胶体软化后，再使用去离子水进行清洗，最后用无水乙醇对器物进行擦洗，将器物上残留的溶液清理干净(图 2-44)。清洗后的器物碎片需要重新拼接，首先对缺损的部分进行着力点分析，采取先补配连接面积大的缺失部分，再依次分块由下向上进行补配。补配材料可选用环氧树脂胶与填料的混合物。

图 2-43　唐代长沙窑青釉执壶处理前

图 2-44　唐代长沙窑青釉执壶处理后

二、大面积缺损器物的补配

本项目中的元代白釉划花碗(图 2-45)，缺损面积较大，采用传统陶瓷文物修复中的补缺技法无法较好地完成补配，可利用 3D 打印技术将缺损部分打印出来(图 2-46)，再将打印出的部分与本体进行粘接，然后调整并上色(图 2-47)。

图 2-45　元代白釉划花碗保护修复前

图 2-46　3D 扫描建模

图 2-47　元代白釉划花碗保护修复后

三、作色尺度的把控

由于本项目器物生产的年代跨度大，品质与病害严重程度不一，所以在兼顾文物安全与展示效果的情况下，不能采用单一的作色尺度，而是要根据它们各自的品质与病害现状确定适宜的作色尺度，大致分为以下三种：

图 2-48　宋代青白釉划花碗

一是对胎釉酥粉的器物的粘接缝隙不进行作色处理，补配处作接近色处理(图 2-48)；

二是对粘接后缝隙不明显或是存在开片情况的器物不进行作色处理(图 2-49)；

三是对胎釉致密、缺损轻微的器物进行随色处理，达到远看一致、近观有别的效果(图 2-50)。

图 2-49 六朝青釉四系盘口壶

图 2-50 唐代邢窑白釉执壶

第八节 瓷器文物保护修复前后对比

襄阳市博物馆这批瓷器文物保护修复前后对比见表 2-6。

表 2-6 襄阳市博物馆这批瓷器文物保护修复前后对比

序号	器物名称	器物编号	保护修复前照片	保护修复后照片
1	长沙窑 青釉绿彩执壶	M14:2		

续表2-6

序号	器物名称	器物编号	保护修复前照片	保护修复后照片
2	鲁山窑 黑釉白彩执壶	M47:1		
3	鲁山窑 黑釉白彩执壶	M47:2		
4	长沙窑 青釉绿彩执壶	M48:1		
5	邢窑 白釉执壶	M48:3		

续表2-6

序号	器物名称	器物编号	保护修复前照片	保护修复后照片
6	岳州窑 青黄釉 红彩执壶	M52:6		
7	长沙窑 青釉执壶	M196:1		
8	长沙窑 青釉双系壶	M198:2		
9	长沙窑 青釉红彩执壶	M199:1		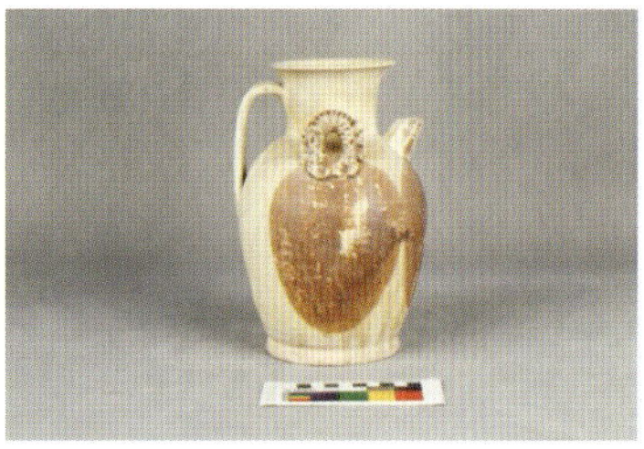

续表2-6

序号	器物名称	器物编号	保护修复前照片	保护修复后照片
10	邢窑 白釉执壶	M200:2		
11	长沙窑 青釉执壶	M194:1		
12	长沙窑 酱釉执壶	M199:2		
13	长沙窑 青釉执壶	M352:2		

续表2-6

序号	器物名称	器物编号	保护修复前照片	保护修复后照片
14	青釉 四系盘口壶	M306：1		
15	长沙窑 青釉执壶	M391：2		
16	霁蓝釉碗	M112：2		
17	霁蓝釉碗	—		

续表2-6

序号	器物名称	器物编号	保护修复前照片	保护修复后照片
18	霁蓝釉碗	—		
19	霁蓝釉碗	M112:3	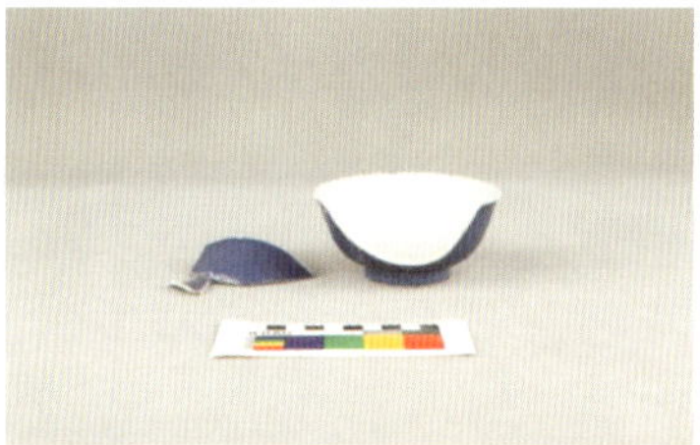	
20	青花花卉纹碗	M2:1		
21	白釉斗笠碗	M11:2		

续表2-6

序号	器物名称	器物编号	保护修复前照片	保护修复后照片
22	青白釉 刻划花碗	M20:2		
23	青白釉 刻划花碗	M20:6		
24	青白釉 刻划花碗	M21:3	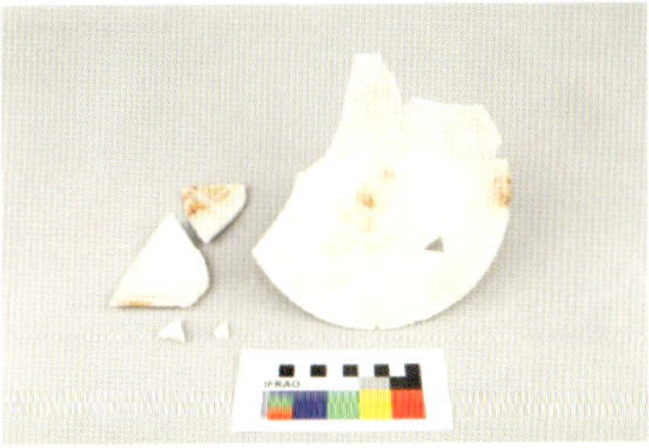	
25	青白釉 刻划花斗笠碗	M22:2	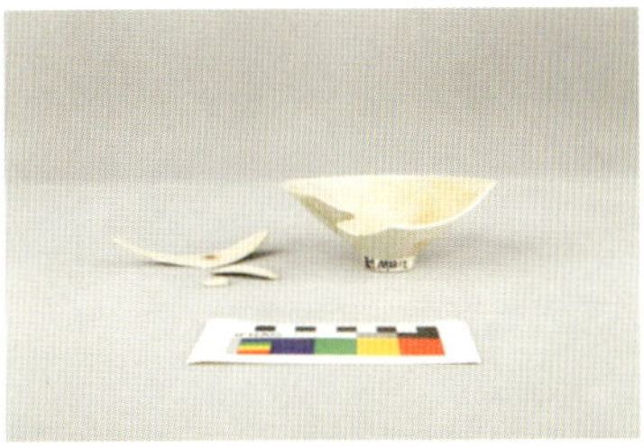	

续表2-6

序号	器物名称	器物编号	保护修复前照片	保护修复后照片
26	青白釉 印花鱼纹碗	M23：2		
27	青白釉 划花碗	M23：3		
28	青白釉 划花碗	M25：5		
29	白釉碗	M32：2		

续表2-6

序号	器物名称	器物编号	保护修复前照片	保护修复后照片
30	钧窑 月白釉碗	T3⑤:36		
31	青釉 盘托三足炉	M4:2		
32	青釉 水波纹四系罐	M12:1		
33	湖田窑 青白釉碗	M1:4		

续表2-6

序号	器物名称	器物编号	保护修复前照片	保护修复后照片
34	湖田窑 青白釉高足碗	M1:5		
35	湖田窑 青白釉高足碗	M1:6		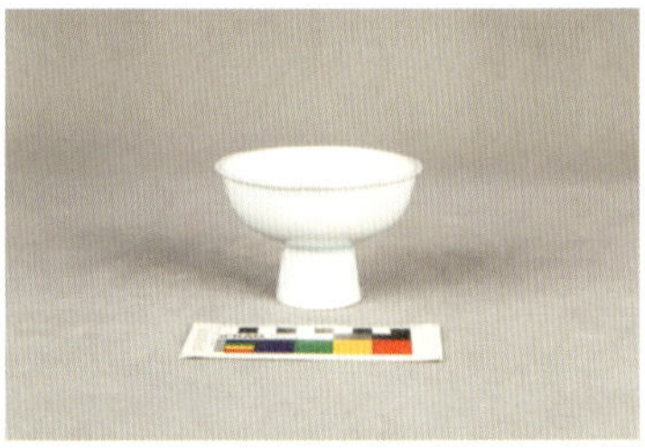
36	定窑 白釉印花盘	H8:32		
37	湖田窑 青白釉碗	H8:33		

续表2-6

序号	器物名称	器物编号	保护修复前照片	保护修复后照片
38	青釉莲花纹盘	T1	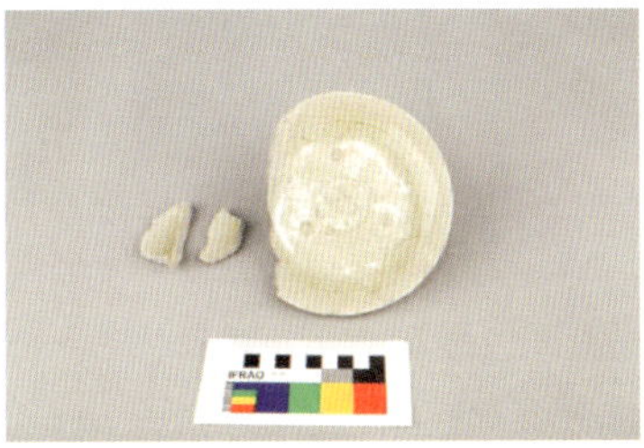	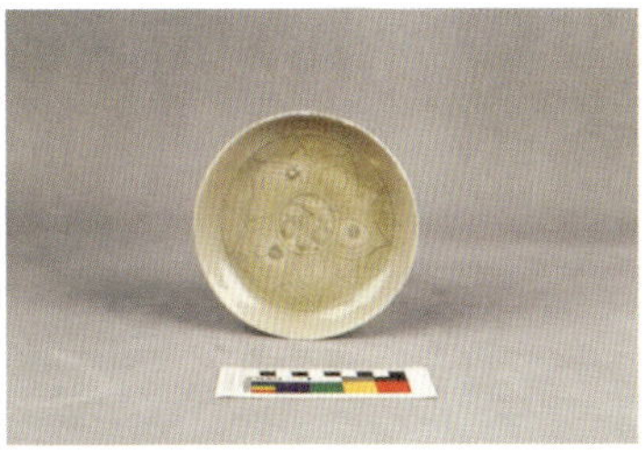
39	白釉划花碗	T1⑤:48		
40	黑釉 剪纸贴花盏	T4⑥:48		
41	青釉 四系盘口壶	M189:1		

续表2-6

序号	器物名称	器物编号	保护修复前照片	保护修复后照片
42	龙泉窑 青釉碗	M190:3		
43	青釉 四系盘口壶	M104:1		
44	白釉碗	M102:1		
45	白釉碗	M190:2	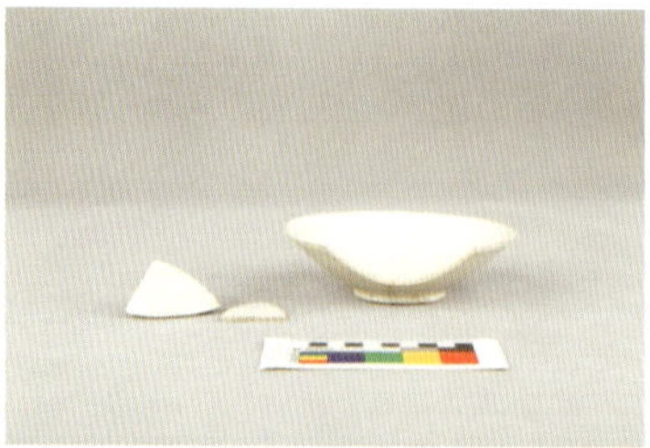	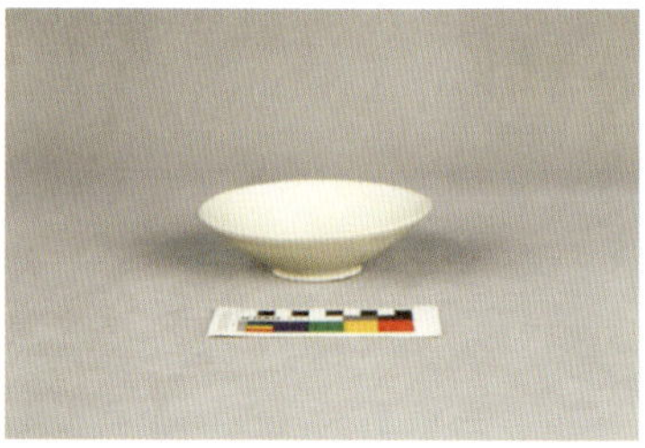

续表2-6

序号	器物名称	器物编号	保护修复前照片	保护修复后照片
46	磁州窑 白地黑花 折枝莲纹瓷枕	M245:3		
47	长沙窑 褐釉双系执壶	M3:1		
48	长沙窑 褐彩双系执壶	M35:2		
49	湖田窑 青白釉印花碗	M112:1		

续表2-6

序号	器物名称	器物编号	保护修复前照片	保护修复后照片
50	湖田窑 青白釉印花碗	M112:3	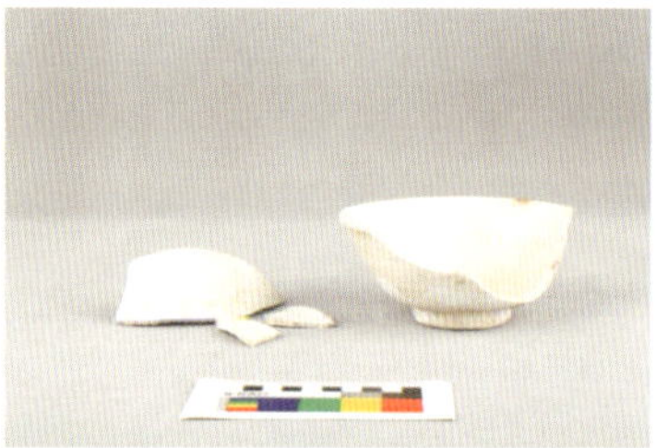	
51	白釉划花碟	M112:4		
52	白釉碗	M76:2		
53	白釉碗	M89:3	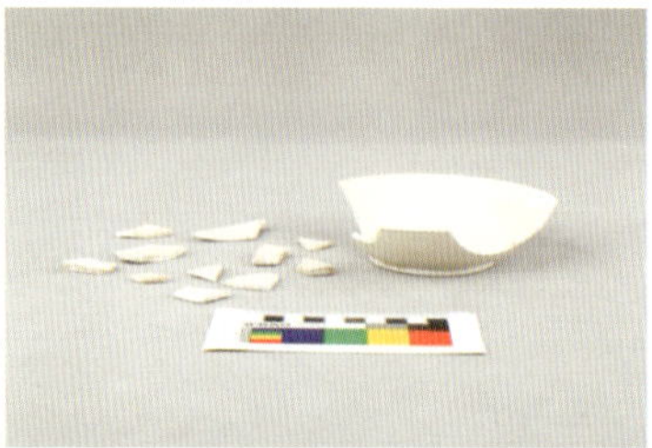	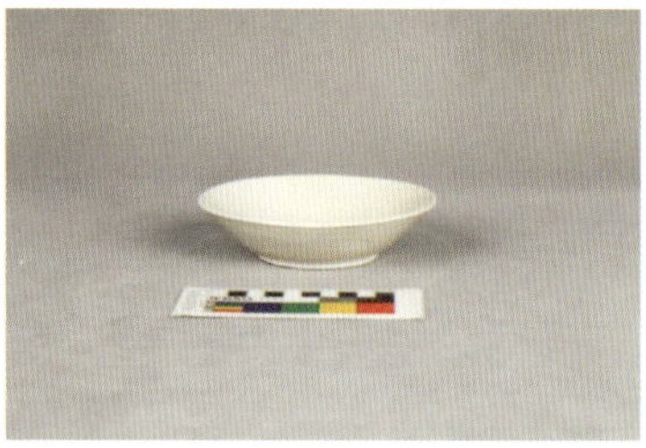

续表2-6

序号	器物名称	器物编号	保护修复前照片	保护修复后照片
54	龙泉窑 青釉碗	M91:2		
55	龙泉窑 青釉碗	M91:3		
56	青瓷碗	M3:1		
57	青瓷碗	M3:2		

续表2-6

序号	器物名称	器物编号	保护修复前照片	保护修复后照片
58	青瓷高足碗	M2:1		
59	青瓷洗	M20:3		
60	青釉四系罐	M20:5		

注:序号17、18的霁蓝釉碗暂未编号。

第三章
襄阳市博物馆陶瓷文物保管与展示利用

第一节 预防性保护

一、预防性保护的内容

过去，文物保护是被动的，东西坏了再去修。现在文物保护的概念已经发展为预防性保护，从被动保护到主动保护。近年来，预防性保护理念已成为国际文化遗产保护的共识。《国家文物博物馆事业发展"十二五"规划》中明确将文物的预防性保护作为重点内容；《国家文物事业发展"十三五"规划》强调，文物保护实现由注重抢救性保护向抢救性与预防性保护并重转变，由注重文物本体保护向文物本体与周边环境、文化生态的整体保护转变，确保文物安全。

要弄清预防性保护，首先要知道什么是"保护"。在保护学科定义中，保护和修复有着显著区别，保护主要有两方面含义：一是控制环境，将环境对文物的损害降到最低；二是抑制损害并使其处于稳定状态，防止发生进一步损害。修复是保护的第二点含义的延伸，是使文物能够继续保存和陈列的手段。弄清了什么是保护，自然就不难理解"预防性保护"这一概念。文物预防性保护就是以文物为本，重在预防，主要通过控制环境为文物提供合适的保存条件，对可能出现的种种损坏文物的情况进行科学预测、分析、研究，最大限度地避免对文物的损害。从馆藏文物保存环境的角度研究对文物的保护，应用现代科学技术手段，结合文物自身的物理性质，对馆藏文物保存和展示的环境进行有效的监测和调控，最大限度地抑制和延缓环境因素对文物造成的破坏作用，着重于"防"。因此，预防性保护是馆藏文物保护工作的重点，是延长文物寿命的重要方法，对文物安全健康保存具有现实意义。

二、关于博物馆设施的合理化预防性保护建议

（1）建立完善的设施管理制度。为了保证博物馆设施的正常运转和延长其使用寿命，博物馆应制定一套完整的设施管理规定。这些规定需要明确设施的使用、维护、保养等方面的要求，以及相应的责任和义务，并建立相应的监督机制以确保这些规定得到有效执行。

（2）定期检查与维修。博物馆应设立专门的设施管理部门，并定期对各项设施进行检查。这些检查需要包括设施的外观、性能、安全等方面，以及是否存在潜在的安全隐患。一旦发现设施损坏或存在安全隐患，应立即进行维修和更换，以确保设施的正常运转和安全使用。

（3）提升游客保护意识。博物馆应通过各种渠道宣传设施保护知识，包括展板、讲解员、网站等，以提高游客对设施重要性的认识。这些宣传应强调设施的保护对博物馆的重要性，以及人为因素对设施造成的损坏可能带来的后果。同时，博物馆还可以通过奖励机制来鼓励游客积极参与设施保护工作。

（4）引入先进技术。博物馆应积极引入先进的科技和工艺，以提高设施的智能化水平。例如，可以采用智能传感器、自动化控制系统等，减少人工操作，降低设施的损坏概率。同时，还可以利用大数据和人工智能等技术，对设施的使用情况进行实时监测和预测，及时发现和处理可能出现的问题。

（5）做好防潮、防火、防盗工作。博物馆应采取有效措施，防止设施受潮、着火或被盗。例如，可以在设施表面涂刷防潮材料、安装防火器材、加装防盗装置等。同时，还应定期对这些设备进行检查和维护，确保其处于良好的工作状态。

（6）建立应急预案。博物馆应制定针对各种突发情况的应急预案，包括火灾、地震等自然灾害和人为破坏等方面。这些预案需要明确应对突发情况的流程和责任人，以确保在紧急情况下能够迅速采取措施，最大限度地减少损失。同时，博物馆还应定期进行演练和培训，以提高员工对应急情况的处理能力。

(7) 加强员工培训。博物馆应定期对员工进行设施管理和应急处理方面的培训。这些培训内容包括设施的基本知识、维护方法、安全操作规程等方面，以提高员工的专业技能和处理突发事件的能力。同时，还可以邀请专业机构或专家进行授课和指导，以提高员工的实践能力和应对复杂情况的能力。

(8) 合理规划参观流程。博物馆应合理规划参观流程，避免游客在参观过程中对设施造成不必要的损坏。例如，可以设置指示牌和引导员，明确参观路线和注意事项，避免游客误入禁止进入的区域或损坏设施。同时，还可以通过讲解员或语音导览系统等手段向游客介绍设施的重要性和保护方法，提高游客的参观体验效果。

(9) 定期评估与改进。博物馆应定期对设施的使用情况进行评估，针对存在的问题和不足之处进行改进和优化。例如，可以定期对设施的性能进行检测和维护，确保其正常运转；对存在安全隐患的设施进行更换或改造；对不合理的参观流程进行重新规划等。通过这些评估和改进措施的实施，不断提高设施的管理水平和服务质量，使游客获得更好的参观体验。

三、陶瓷文物预防性保护的措施

预防性保护是为实现文物藏品长久保存而开展的一项综合性工程，它是通过有效的质量管理、监测、评估、调控干预等手段，抑制各种环境因素对文物藏品的伤害，努力使文物存放的环境稳定、洁净，最大限度地阻止或延缓环境因素引起的文物性质的改变，从而实现文物藏品长久保存的目的。2018 年国家文物局发布了《国家文物局办公室关于加强可移动文物预防性保护和数字化保护利用工作的通知》(办博函〔2018〕348 号)，该通知明确指出了可移动文物预防性保护工作内容主要包括以下四个方面：文物保存环境监测、文物保存环境调控、文物保存设施配置和博物馆防震减震。其中，文物保存环境监测与调控、文物保存设施配置是最基础性的预防性保护。此外，文物藏品的日常养护、防止人为因素导致的藏品损坏，还有建立长效预防性保护风险预控机制，也是文物预防性保护工作的内容。

关于已保护修复瓷器保存的合理化预防性保护建议：

(1) 保护修复后的古瓷器需要做一物一盒的无酸纸囊匣。因为粘接与补缺使用的是树脂材料，所以修复后的古瓷器应避免长期放置在温度过高(超过 70 ℃)的环境中。

(2) 因为瓷器制作的特殊性，所以古瓷器修复釉色使用的只能是仿釉材料。它的硬度和稳定性比正常的瓷器釉面差，应避免使用利器剐蹭器物修复面。

(3) 保护修复后的古瓷器不宜长期放置在酸碱性高和紫外线强的环境中。最好放置在隔离性好的储物柜中或单件放入定制的囊匣中。

(4) 取放保护修复后的古瓷器应避免提拉相对独立的修复部位。

(5) 保护修复后的古瓷器应定期观察外观变化。发现修复材料脱落、粘接面再次断裂等现象应告知修复人员及时处理。

(6) 保护修复后的古瓷器应保持清洁，避免接触有机溶剂和黏性物质。日常清洁不宜使用清洁剂和利器进行清洗，若有浮灰应使用软质毛巾轻轻擦拭。

(7) 保护修复时古瓷器上相对独立的失形部位多依据现有考古发现的同年代同造型器物相对应部位进行补缺。若新发现同款器物资料，而修复补缺的外形与之有偏差，应及时告知修复人员进行修改。

第二节　展示利用

博物馆是征集、典藏、陈列和研究代表地方自然和人类文化遗产的实物场所。随着时代进步，社会发展，博物馆也在不断发展变化，成为新型教育场所。随着综合国力不断提升，大众对精神层面的诉求逐渐强烈，促使博物馆在陈列、教育、服务等方面不断推陈出新，文物展示利用形式更加多样化，大众能体会到更多的参与性和自主性，“隔着玻璃看，耳旁听人讲”不再是人们参观博物馆的固定模式。

襄阳市博物馆应该进一步强化博物馆社会服务工作，不断深入研究馆藏陶瓷文物的价值，立足“以人为本”的需求，增加展陈的科技含量，形成沟通的自由空间，加强媒体的深度链接，加大品牌的宣传力度，挖掘展览的纵深内涵，增强平台的文化吸引力。

国家文物局在《关于加强博物馆陈列展览工作的意见》中强调，“陈列展览是博物馆向社会奉献的最重要的精神文化产品，是博物馆开展社会教育和公共服务、实现社会职能的主要载体和手段”。博物馆陈列展览是一种媒介，以展陈品为中心，构建特定的知识体系、叙事空间和感受体验，引导观众找到展品与自身的关系，以文化现象的呈现实现博物馆教育的功能。陈列展览是博物馆特有的展示语言，是博物馆实现其社会功能的主要途径，是博物馆工作人员与观众进行交流的桥梁和纽带，博物馆通过陈列展览向人们展示不同时期人们的生活，向人们传达历史知识、思想理念。

我国是举世闻名的陶瓷古国，陶瓷艺术历史悠久，中华文明也是一部辉煌璀璨的陶瓷文明史。陶瓷器和古人的生活息息相关，是研究古代社会的重要实物，时至今日，陶瓷器在人们的生活中仍然起着重要作用。全国各地无论是大型高等级博物馆，还是小型地方或专题性博物馆都收藏有大量不同时期的古代陶瓷藏品，陶瓷藏品是大多数博物馆收藏的核心藏品。陶瓷文物陈列展览也是博物馆常见展览类型，是以陶瓷文物为主体来诠释主题和内容的陈列展览。国内外博物馆每年都会举办大量以陶瓷文物为核心表现内容的展览，很多博物馆还专门设有陶瓷文物展厅，各类以陶瓷文物为主体，以时代、地域、窑口、工艺等特征为策展主题的陶瓷文物陈列展览层出不穷。

为了讲好馆藏陶瓷文物故事，让陶瓷文物“活”起来，襄阳市博物馆可以陶瓷文物为核心内容，积极策划出有创意、有内涵的陶瓷文物陈列展览。首先，要进一步丰富展陈内容形式。其次，要注意展览的艺术性和科技性。襄阳市博物馆现有的展览注重文物性而忽略了艺术性，没有很好地借鉴美术馆的表现手法，运用声、光、电等元素增添展陈的艺术性。除了艺术性，现代博物馆展览还注重科技性。近年来，数字博物馆建设成为新热点。襄阳市博物馆未来可以考虑引进新技术以支撑新的陶瓷文物专题展览。最后，要“以人为本”，重视观众参与。当今博物馆展陈更注重人的因素，强调以人为核心，为人服务，在今后的陶瓷文物展览中，可专门开辟互动区域，鼓励大众亲自参与体验。

第四章
襄阳市博物馆陶瓷文物精品赏析

曲腹红陶杯

新石器时代

高 10.4 厘米、口径 12.7 厘米

彩绘陶纺轮

新石器时代

直径 4 厘米

彩绘几何纹陶壶

战国时期

高 35.8 厘米、口径 12 厘米、腹径 19.2 厘米、圈足径 14.1 厘米

彩绘陶敦

战国中期

高 24.4 厘米、口径 21.8 厘米

陶豆

战国时期

口径 13.3 厘米、圈足径 9.8 厘米、高 18 厘米

彩绘鸟云纹陶盒

西汉

高 20.8 厘米、直径 25 厘米

彩绘鸟云纹陶鼎

西汉

高 23 厘米、口径 24.3 厘米

彩绘鸟云纹陶壶

西汉

高 54.3 厘米、口径 23.7 厘米

红釉陶壶

东汉

高 36.4 厘米、口径 15.8 厘米

陶楼

东汉

高 59 厘米

绿釉舞乐人物水榭

东汉

高 87 厘米

釉陶盘口壶

东汉

高 29 厘米、口径 13 厘米、底径 14 厘米

绿釉陶樽

东汉

口径 19.4 厘米、底径 19.6 厘米、高 19.8 厘米

陶磨

东汉

高 10 厘米、磨盘直径 17.8 厘米

红釉陶博山炉

东汉

高 27.2 厘米、盘径 21.2 厘米

陶灶

东汉

高 12.8 厘米、长 33.2 厘米、宽 15.2 厘米

釉陶灯

东汉

高 8 厘米、口径 7 厘米、盘径 16.5 厘米

绿釉陶狗

东汉

高 20.5 厘米、长 25 厘米

釉陶猪圈

东汉

高 15.5 厘米、底边长 18.54 厘米

绿釉陶托盏

东汉

通高 10.4 厘米

盘口径 16.8 厘米、底径 9.6 厘米、高 3.6 厘米

杯口径 7.2 厘米、底径 9.4 厘米、高 8.4 厘米

绿釉陶博山炉

东汉

通高 20.4 厘米、盘口径 16.4～17.6 厘米、炉口径 9.4 厘米、底径 11 厘米

釉陶勺

东汉

长径 7.4 厘米、短径 6.2 厘米、柄长 7.6 厘米、通高 9.6 厘米

釉陶罐

东汉

高 28.3 厘米、盖口径 12.6 厘米、底径 14.2 厘米

青瓷虎子

三国

高 17.4 厘米、长 30.3 厘米

青釉四系盖罐

西晋

高 16.3 厘米、口径 10.4 厘米、腹径 19.2 厘米、底径 10.4 厘米

青釉鸡首壶

西晋

高 9.8 厘米、口径 6.2 厘米、底径 5.7 厘米

青釉狮形烛台

西晋

高 8.9 厘米、长 12 厘米

青瓷薰炉

西晋

通高 15.6 厘米、炉身最大直径 14.4 厘米、炉座直径 15.2 厘米

青釉鸡首壶

西晋

高 10.4 厘米、口径 6.8 厘米、腹径 11.4 厘米、底径 5.4 厘米

青釉撇口瓶

南北朝

高 12.8 厘米、口径 4.8 厘米、底径 4.8 厘米

陶囷

南北朝

高 23 厘米、口径 8 厘米、底径 8.5 厘米

陶牛车

南北朝

车高 32.4 厘米、宽 23.2 厘米

长沙窑釉下褐绿彩胡人瓷碗

唐

高 4.2 厘米、口径 14.2 厘米、底径 6.5 厘米

唐三彩罐

唐

高 6.2 厘米、口径 3.2 厘米、腹径 9 厘米、底径 5.4 厘米

唐三彩狮形烛台

唐

高 15.5 厘米、首尾长 12.4 厘米

黑釉铁锈花钵

唐

高 11.2 厘米、口径 14.1 厘米、圈足径 6.9 厘米

陶俑

唐

高 25.5 厘米

陶俑

唐

高 20 厘米

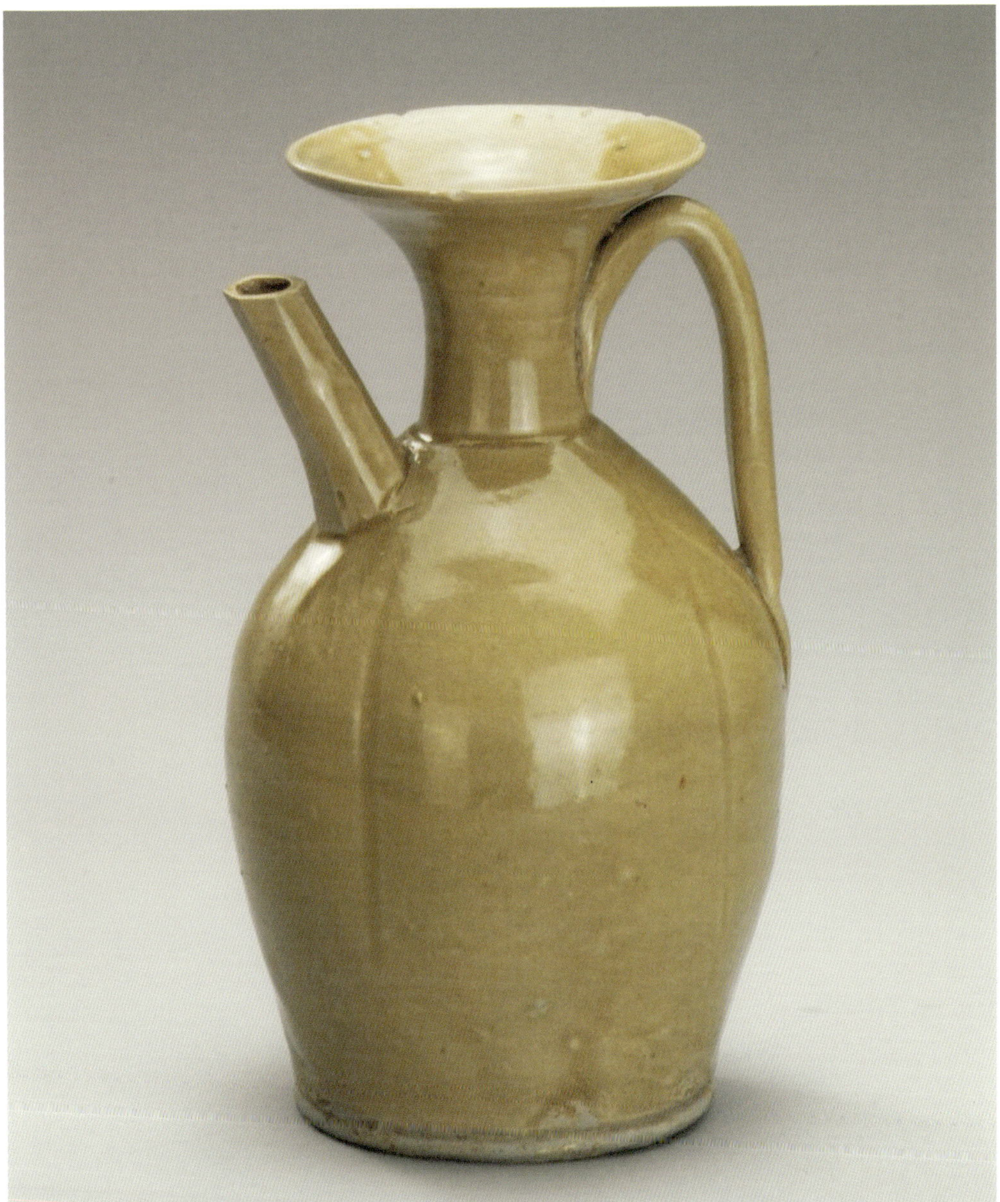

越窑青釉执壶

五代

高 19.8 厘米、口径 8.6 厘米、底径 9 厘米

景德镇湖田窑青白釉划花瓷碗

北宋

青釉刻划花碗

北宋

高 5.2 厘米、口径 12.1 厘米、圈足径 3.6 厘米

定窑白釉印花盘

宋

高 3.8 厘米、口径 17.4 厘米、圈足径 6 厘米

婴戏牡丹纹绿釉陶罐

宋

高 23.6 厘米、口径 10 厘米、圈足径 9 厘米

黑釉兔毫盏

宋

高 4.9 厘米、口径 11.7 厘米

三彩开光莲花纹枕

宋

长 39.3 厘米、宽 15.9 厘米(中间宽 14.5 厘米)、高 10.8 厘米

青白釉粉盒

宋

高 4.8 厘米、腹径 8.1 厘米

青釉高足杯

元

高 9 厘米、口径 12.1 厘米、足径 4.3 厘米

钧窑天蓝釉瓷碗

元

高 9.6 厘米、口径 21 厘米、底径 6.9 厘米

磁州窑白釉黑花瓷罐

明

高 21.3 厘米、口径 7.8 厘米、底径 9.5 厘米

青釉刻花执壶

明

高 15.5 厘米、口径 6.9 厘米、底径 7.5 厘米

青釉刻花筒形三足香炉

明

高 11.7 厘米、口径 17.3 厘米、盘底径 9 厘米

龙泉窑青釉瓜棱盖罐

明

高 29.2 厘米、口径 24.2 厘米、底径 18 厘米

豆青釉青花堆粉花卉橄榄瓶

清

高 23.7 厘米、口径 5.9 厘米、底径 5.8 厘米

参考文献 References

[1] 李晓东. 文物学[M]. 北京：学苑出版社，2005.

[2] 襄阳市文物考古研究所. 湖北襄阳桃花岭墓地明代墓葬发掘简报[J]. 江汉考古，2016(6)：34-38，2，86.

[3] 夏力恕，等.湖广通志[M]//四库全书：第534册.迈柱，等.上海：上海古籍出版社，1987.

[4] 蒋瑾琦. 捏泥问火试新腔——瓷印散谈[J]. 东方收藏，2013(1)：42-44.

[5] 黄志刚. 对景德镇宋元瓷器印坯成型盛行缘由的讨论[J]. 大众文艺，2013(11)：125-126.

[6] 周鹤. 从宋代钧瓷器型看造型艺术的审美意识[J]. 大众文艺，2013(9)：89.

[7] 金欣园. 河南鲁山段店窑工艺技术研究[D]. 杭州：浙江大学，2019.

[8] 田宝祥，唐兴华. "天道性命相贯通"——论中国古代哲学的二维结构[J]. 河北师范大学学报(哲学社会科学版)，2018，41(2)：57-62.

[9] 陈谷嘉. 宋代理学天人关系论[J]. 湖南大学学报(社会科学版)，2005，19(2)：12-18.

[10] 王连富. 实用思潮·士人心态·尚意书风——北宋尚意书风成因新探[J]. 南京艺术学院学报(美术与设计版)，2010(2)：119-124.